这盛世，如你所愿

富强篇

青春的底色 系列丛书

社会主义核心价值观主题经典阅读

学术指导 / 石中英

主编 / 叶传平 刘劲凤

分册主编 / 张薇

编著 / 张薇 胡赛儿

时代出版传媒股份有限公司
安徽教育出版社

本书部分文字作品稿酬已向中国文字著作权协会提存,敬请相关著作权人联系领取。电话:010-65978917,传真:010-65978926,E-mail:wenzhuxie@126.com。

图书在版编目(CIP)数据

这盛世,如你所愿 / 叶传平,刘劲凤主编;张薇分册主编;张薇,胡赛儿编著. -- 合肥:安徽教育出版社,2025.6

("青春的底色"系列丛书)

ISBN 978-7-5748-0163-9

Ⅰ.①这… Ⅱ.①叶… ②刘… ③张… ④胡… Ⅲ.①社会主义核心价值观－中国－初中－教学参考资料 Ⅳ.①G631.2

中国国家版本馆CIP数据核字(2024)第105625号

这盛世,如你所愿

ZHE SHENGSHI,RU NI SUO YUAN

出 版 人:王能玉
策划编辑:李冰冰　汪　琳
责任编辑:于　芳　张亚蕾　胡美娇
装帧设计:唐　敏　华　伟
责任印制:陈善军

出版发行:安徽教育出版社
　地　　址:合肥市经开区繁华大道西路398号　邮编:230601
　网　　址:http://www.ahep.com.cn
　营销电话:(0551)63683012,63683013
　排　　版:安徽时代华印出版服务有限责任公司
　印　　刷:合肥市宏基印刷有限公司

开　　本:710 mm×1010 mm　1/16
印　　张:10.75
字　　数:130千字
版　　次:2025年6月第1版
印　　次:2025年6月第1次印刷
定　　价:32.00元

(如发现印装质量问题,影响阅读,请与本社营销部联系调换)

编委会名单

主　　编　叶传平　刘劲凤
分册主编　张薇
编　　著　张薇　胡赛儿
其他编委　葛守松　侯新旺　李妮

序

最是经典润人心

  党的十八大以来，围绕着"内化于心、外化于行"的总目标与"落细、落小、落实"的任务要求，大中小学的社会主义核心价值观教育不断深入，守正创新，多措并举，取得了显著的成就，积累了很多典型的经验，极大增强了青少年一代的社会主义核心价值观认同与文化自信。同时，推动了社会主义核心价值观融进中小学课堂教学，为青少年个人的健康成长以及培育德智体美劳全面发展的社会主义建设者和接班人奠定了坚实的基础。

  在培育和践行社会主义核心价值观教育的学校教育实践中，教育工作者们始终秉持"为党育人、为国育才"的初心使命，贯彻落实立德树人的根本任务，基于青少年身心发展规律和社会主义核心价值观的形成规律，结合校情学情，深入挖掘传统德育，探索社会主义核心价值观教育的新路径，形成了社会主义核心价值观教育的良好氛围和校园文化。在培育社会主义核心价值观教育途径中，经典阅读得到广泛的应用并受到越来越多学校和教师的青睐。经典阅读作为社会主义核心价值观教育的重要路径，其根本原理在于社会主义核心价值观总是通过各种事件中人们的行为得以显现。价值观作为指引人们行为的正当性观念，它们不能脱离人们的行为而孤立存在，总是渗透、体现在人们的行为之中。我们要了解一个人或一个时代起支配作用的核心价值观，就必须考察那个人、那个时代人们的行为，特别是那些重大事件中人们的行为，从中理解他们或某个时代人们所面临的价值困惑、价值冲突以及所作出的价值抉择。

世界各国的教育体系都很重视经典教育，将经典作品作为博雅教育或通识教育的基本内容。之所以经典教育在教育史上有如此长盛不衰的魅力，是因为经典作品是时代的产物，一个时代的价值共识往往沉淀在经典文本中。学生们在经典文本的阅读中，可以通过一些具体的人和事与伟大的精神相遇，感悟兼济天下的情怀、超然物外的自由、卓然独立的人格魅力、慷慨激昂的豪迈品质，以及孤独执着的坚守、感同身受的同情、奔放洒脱的浪漫、大义凛然的不屈等精神的力量，在超越时空的灵魂对话与情感共鸣中，传承一个民族得以生生不息的核心价值观，不断强化自己的民族认同，同时使得个体的价值生命得到丰盈、扩展和持续成长。

如何运用好经典阅读这个途径开展价值观教育特别是社会主义核心价值观教育，是一个新课题。指向价值观教育的经典阅读绝不仅仅是以娱乐为主、消遣为要的浅阅读，而是有难度和深度的阅读。在倡导全民阅读的大背景下，很多孩子虽然有海量阅读，但在对作品的深度理解、价值判断以及与作品的情感共鸣等方面的表现并不突出,需要有效的阅读引导。有效的阅读引导并不只是停留在剖析文本基础上的知识传递,而是在问题探究、情感共鸣、思维共振基础上的对话。正是基于这样的实践认识,安徽省合肥市教育科学研究院组织一批来自一线的教师精心编撰了《"青春的底色"系列丛书》,以社会主义核心价值观为引领,以经典阅读为载体,以优化阅读方式为突破口,努力让学生在阅读经典之中享受阅读,在细读经典之中深化阅读,尝试走出一条经典阅读与社会主义核心价值观教育相融合的新路子。

我深信,该丛书的出版将有助于广大教师和家长们更有效地通过经典阅读开展青少年价值观教育特别是社会主义核心价值观教育,为孩子一生的成长及正确价值观的形成奠定基础。

石中英

清华大学教育学院院长

前言

阅读之花自主开放

　　阅读是对精神的滋养，经典是阅读的脊梁。要让青少年学生在人生成长的关键时期得到更多更好的滋养，为未来的发展奠基，就应该引导他们养成良好的阅读习惯，使他们在坚持阅读中受益终身。我们组织优秀教师团队历时近三年，以社会主义核心价值观教育为主旨，以经典阅读为载体，以中学生为主要对象，编撰出版《"青春的底色"系列丛书》。该丛书共12册，围绕社会主义核心价值观的12个主题词遴选经典文本，旨在传递价值共识，关照价值理性，在青少年中厚植社会主义核心价值观。该丛书得到清华大学教育研究院石中英教授的高度评价，我们将继续优化阅读指导，推动阅读分享，使之成为青少年精神成长的重要帮手。

　　以生为本，与学生对话

　　以生为本，是我们自始至终贯彻的原则。在单册书名、模块标题、板块设计等方面，我们充分征求、听取学生意见。例如，和谐篇《奏响和谐的旋律》、自由篇《扶摇而上九万里》等分册书名，以及"大河论坛""能量站""留言区"等板块都是学生智慧的集中体现。在呈现经典文本的同时，我们根据学生的认知与情感发展实际情况，精准引导学生阅读，启迪求异思维，强化自主阅读。丛书注重阅读引导，将阅读引导分为读前、读中和读后三个部分：读前"叩门引路"，以学生感兴趣的话题或背景故事激发阅读期待；读中注重文本细读，以对话的方式启发学生思考，提升学生阅读能力；读后"见微知著"，突出文本的价值亮点，注重价值观的提炼和升华。

精选篇目，与经典对话

内容选择上，我们以中华优秀传统文化、革命文化、社会主义先进文化为主，遴选优秀作家作品；体例设计上，以阅读任务群的模块化形式呈现，突出学生认知、阅读实际。以友善篇《生命中的那些暖》为例，该书围绕"友善"主题分为"与人为善""与物为春""以善汇友"三个模块，选取《道德经》中的《上善若水》、《论语》中的《温良恭俭让》、《诗经》中的《木瓜》、《国语》中的《里革断罟匡君》、陶渊明的《移居二首》等国学经典，还选取了老舍的《小麻雀》、巴金的《朋友》、路翎的《初雪》、王蒙的《善良》等现当代经典文本。

选编时，我们尽量保留经典文本的原汁原味。但为了给学生提供更加标准、纯净的文字，对于现当代文本或白话小说中个别不符合现代汉语语言规范的地方，编者或做了修改，或随文在括号内予以注解；对于国学经典，我们通过多版本比对，力求为学生提供最好的选择。在阅读中，我们通常以师生对话的形式，激发、提升学生的阅读思辨能力。

注重思辨，与灵魂对话

我们鼓励学生追求深度阅读，尝试引导学生读后说、做中学、思后写，提倡学生将阅读中的思考说出来，将说出来的感受写出来，将写出来的感悟进行交流，促使学生之间能形成彼此交流、相互启迪的学习氛围，希望学生在交流分享中成长。文本总是以静态的方式呈现，怎样变静态为动态，使学生由被动转化为主动？在版式设计中，我们为学生留下发挥的空间，希望学生将自己的所思、所悟、所感及时用圈画或批注的方式记录下来，真实地与心灵交流，与灵魂对话。

在编撰过程中，我们集思广益、博采众长，将坚守学科本位与打破学科壁垒相结合，将社会主义核心价值观教育与落实学科核心素养培育相结合，将提升阅读素养与促进学科教学相结合，将活跃阅读课与丰富常态课相结合，充分调动教师和学生的积极性、主动性、创造性，期待呈现出集腋成裘、厚积薄发的阅读效应。

该丛书也一定存在一些值得商榷的地方，敬请各位老师、同学提出意见与建议，我们一定积极改进、全力完善，为学生爱上阅读、爱好阅读，作出教育人应有的贡献。

合肥市教育科学研究院院长

目录

导言 [1]

感受盛世的繁华 [3]

诸子说"富强" [6]
    小国寡民 [6]
    主之所以为功者,富强也 [8]
莫大乎使民富且寿 [10]
兼相爱、交相利 [11]
苏秦为赵合从说齐宣王 [12]
唐诗二首 [15]
    和贾至舍人早朝大明宫之作 [15]
    登观音台望城 [17]
盛唐气象(节选) [19]
望海潮·东南形胜 [23]
水仙子·咏江南 [26]
虎丘中秋夜(节选) [29]
大河论坛 [32]
一叶知春 [33]

追逐梦想的脚步 [35]

三元里 [38]

骠马路与火车道 [42]

谭嗣同传（节选）[49]

状元实业家张謇 [52]

与妻书（节选）[66]

艰难的国运与雄健的国民 [69]

赞美 [72]

大河论坛 [78]

一叶知春 [79]

共赴春天的约会 [81]

在庄里镇吃水盆 [84]

花城 [90]

略谈新中国的交通 [97]

蓝色的祈祷，绿色的希望 [102]

雪白 [109]

为铸大国重器，他隐姓埋名30年 [113]

遇上航母时代
——写在中国航母入列10周年之际（节选）[121]

永恒的经典　历史的丰碑
——写在北京第29届奥林匹克运动会闭幕前夕 [126]

守望精神家园的太行人
——红旗渠精神当代传奇（节选）[132]

百里杜鹃盛世红 [143]

大河论坛 [153]

一叶知春 [155]

导言

这盛世，如你所愿

富，此字始见于春秋晚期侯马盟书——晋国世卿赵鞅同卿大夫间举行盟誓的约信文书。"富"在侯马盟书中的字形为，上面是屋顶，下面是装东西的容器，意思是房屋内有储存，表示生活富足。"畐"读音为fú，也表音。强，小篆写法，虫为形旁，本义是虫名。一只小小的虫子，也可以有顽强的生命力和强大的破坏力。《说文解字》中解释"强"，弓有力也。牢固的弓，须用强力才能拉开，引申出有力、强大、强盛、加强等意。

"实现国家富强、民族振兴、人民幸福"是中华民族伟大复兴中国梦最基础的内涵。富强是中华民族梦寐以求的美好夙愿，人民的奋斗创造过辉煌历史。富强也是社会主义现代化国家的应然状态，道路曲折，人们始终脚步不停，不断奋进，迎来如愿盛世。

感受盛世的繁华

> 河清海晏，时和岁丰。
> ——唐·郑锡

> 自古以来，中华民族秉承自强不息的精神，在追求富强的道路上，创造过很多辉煌的盛世。你们知道中国古代都有哪些盛世呢？

和鸣老师

> 我知道！汉代有"文景之治""汉武盛世"。还有中国人开辟出来的第一个对外贸易通道——丝绸之路。中外商人在这条路上艰难跋涉，穿越沙漠、草原，把丝绸、瓷器等中国商品卖到中亚、欧洲，又把别国的商品带回中国，促进了东西方经济文化的交流。

雅奏

> 盛世时期的汉朝疆域辽阔，军事实力强大，涌现出卫青、李广、霍去病等诸多名将。"但使龙城飞将在，不教胡马度阴山"，我们在后来各个朝代的诗文中还会看到对这些将领的赞颂。

时乐

> 说到盛世，不能不提唐代的"开元盛世"。那时的唐都城长安是个国际性大都市，吸引了世界各地的人，很多域外的使节、商人、留学生长年居住此地，商贾云集，歌舞升平。这种朝气蓬勃的盛唐气象，也体现在当时的诗歌创作中。

海晏

这盛世，如你所愿

北宋时期的GDP（国内生产总值）曾是世界第一。张择端的《清明上河图》是北宋都城东京繁荣的见证。生活在宋代一定很开心，人们不仅能去专门的"剧场"看表演，还能组队一起踢球。那时上至皇帝下至百姓，都很喜欢蹴鞠（cù jū）。

河清

还有明朝的"永乐盛世"！国家不仅组织编纂卷帙浩繁的集中国古代典籍于大成的《永乐大典》，还先后多次派郑和出使西洋。郑和的远洋航行比欧洲早了半个多世纪，可见当时航海技术的先进。

雅奏

虽然元朝在整个中国历史长河中存在的时间较短，但我们也不能忽略它。意大利旅行家马可·波罗来到元大都，并在中国游历了十七年。《马可·波罗游记》中记录了他当时在中国看到的繁华的市集、华美的丝绸、壮观的都城、便捷的驿道、流通的纸币……

时乐

中国历史上的盛世，往往伴随着生产力的发展和经济的繁荣。在这些时期，文学艺术领域同样硕果累累，诞生了唐诗、宋词、元曲，还有独具东方特色的山水画、书法……

和鸣老师

【叩门引路】 春秋战国时期诸侯争霸,各诸侯国都希望自己能富裕强大,可以在群雄逐鹿中胜出。为了寻求国家富强的好办法,他们纷纷招贤纳士。贤士们出谋划策,各抒己见,形成了儒家、道家、墨家等众多不同思想流派,共同构成了诸子百家的格局,他们的主张和实践,促成了思想文化的大繁荣,也推动了国家社会的进步和发展。

诸子说"富强"

小国寡民

小国寡民①。使②有什伯之器③而不用,使民重死④而不远徙。虽有舟舆,无所乘之。虽有甲兵,无所陈之⑤。使民复结绳⑥而用之。甘其食,美其服,安其居,乐其俗。邻国相望,鸡犬之声相闻,民至老死,不相往来。

(选自《道德经》,标题为编者所加)

这盛世,如你所愿

和鸣老师:
有人认为老子的这种"小国寡民"思想是历史的倒退;也有人结合当时的时代背景,认为这种思想有其可取之处。请查阅相关资料,并谈谈你对这种思想的认识。

读者留言:

【注释】

①小国寡民：使国家小，使人民少。"小"和"寡"在这里是使动用法。

②使：即使。

③什伯之器：各种各样的器具，什伯，指众多、多种，这里可理解为功能强大、先进的器具。

④重死：把死亡看得很重，即不轻易冒着生命危险去做事。重，以……为重，把……看得很重，形容词的意动用法。

⑤无所陈之：没有（机会、地方）来施展、使用它们（甲兵）。无所，没有……的地方（机会）。陈，陈列，这里可引申为使用、施展。之，指代前文甲兵。

⑥结绳：指结绳记事，一种古老的记事方法。

主之所以为功者，富强也

主之所以为功①者，富强也。故国富兵强，则诸侯服其政②，邻敌畏其威，虽不用宝币③事诸侯，诸侯不敢犯也。主之所以为罪者，贫弱也。故国贫兵弱，战则不胜，守则不固，虽出名器重宝以事④邻敌，不免于死亡之患。故曰："主功有素，宝币奚为？⑤"

（选自《管子》，标题为编者所加）

和鸣老师： 这段文字，主要采用了什么论证方法来证明中心论点？

自强： 采用了对比论证的方法。作者先从正面阐释"主之所以为功者，富强也"的原因，再从反面阐释"主之所以为罪者，贫弱也"的原因，突出强调"君主的功绩，就是使国家走向富强"的观点。

尧年： 中国近现代史中，还有哪些历史事件可以证明"国贫兵弱……虽出名器重宝以事邻敌，不免于死亡之患"这种观点？

【小课堂】管子是谁？

管子是春秋时期法家学派的代表，名夷吾，字仲，颍上（今安徽省颍上县）人。他就是"管鲍之交"中的管仲。他和鲍叔牙是好朋友，分别辅佐齐国的公子纠和小白。后来鲍叔牙辅佐的公子小白当上齐国国君，成为齐桓公。公子纠被杀，辅佐他的管仲被投入大牢。鲍叔牙知道管仲很有才能，向齐桓公举荐他，齐桓公不计前嫌重用管仲。管仲推行变法改革，极大地推动了齐国的综合国力，使齐桓公成为春秋五霸之一。

【注释】

①功：功绩。
②政：政令。
③宝币：珍宝，币帛。
④事：结交。
⑤主功有素，宝币奚为：君主平时有功业积累，何必使用珍贵的礼品？主功，主持事功者，即君主。有素，向来具有，这里指君主本身就拥有功绩。宝币，珍贵的祭品，财物。奚，何，哪里，什么。

莫大乎使民富且寿

哀公①问政于孔子，孔子对曰："政之急者，莫大乎使民富且寿也。"

公曰："为之奈②何？"孔子曰："省力役，薄赋敛，则民富矣；敦礼教，远罪疾，则民寿矣。"

公曰："寡人欲行夫子之言，恐吾国贫矣。"孔子曰："《诗》云：'恺悌③君子，民之父母。'未有子富而父母贫者也。"

（选自《孔子家语》，标题为编者所加）

这盛世，如你所愿

和鸣老师：
类比手法的作用是借助类似事物的特征刻画突出本体事物的特征，加深读者对本体事物的理解，或加强作者的某种感情，烘托气氛，引发读者的联想。请你想一想文中"民"和"政"、"子"和"父母"之间有哪些相似点，孔子是如何运用类比的手法来论证自己的观点的。

读者留言：

【注释】

①哀公：鲁哀公，姬姓，名将（世本作蒋），鲁定公之子，东周（春秋末，战国初）时期鲁国君主，公元前494～前468年在位，是鲁国第二十六任君主。

②奈：处置，对付。

③恺悌：和乐平易。

【邀你读书】

《孔子家语》是一部儒家著作,原书共二十七卷,后经魏王肃注,分为十卷四十四篇。它记录了孔子及孔门弟子的思想言行。《孔子家语》被认为是一部具有重要文献价值和学术价值的先秦旧籍。我们常说的"良药苦于口,而利于病;忠言逆于耳,而利于行"便出自此书。

兼相爱、交相利[①]

是故子墨子言曰:"今天下之君子,忠[②]实[③]欲天下之富,而恶其贫;欲天下之治,而恶其乱[④],当兼相爱、交相利。此圣王之法,天下之治道也,不可不务为也[⑤]。"

(选自《墨子》,标题为编者所加)

【注释】

①兼相爱、交相利:彼此相爱,交互得利。兼,全,都。

②忠:通"中",内心。

③实:确实。

④恶其乱:厌恶天下的混乱局面。其,代词,代指天下。乱,混乱。

⑤不可不务为也:不可以不努力去做这件事(兼相爱、交相利)啊。

和鸣老师:

"兼相爱、交相利"是墨家核心思想之一,意思是人们都要彼此相爱、交互得利。这种思想主张人们应该无差别地互相关爱,互相帮助,在增进彼此利益的过程中,达成互利共赢的局面,也体现了墨家"兼爱""非攻"的理念。

苏秦为赵合从说齐宣王

齐南有泰山,东有琅邪,西有清河,北有勃海,此所谓四塞之国也。齐地方二千里,带甲数十万,粟如丘山。齐车①之良,五家之兵②,疾如锥矢,战如雷电,解如风雨。即有军役,未尝倍太山、绝清河、涉勃海也。临淄③之中七万户,臣窃度之,下户三男子,三七二十一万,不待发于远县,而临淄之卒,固已二十一万矣。临淄甚富而实,其民无不吹竽、鼓瑟、击筑、弹琴、斗鸡、走犬、六博④、蹋鞠⑤者。临淄之途,车毂⑥击,人肩摩,连衽⑦成帷,举袂⑧成幕,挥汗成雨,家敦而富,志高而扬。夫以大王之贤与齐之强,天下不能当。今乃西面事秦,窃为大王羞之。

(选自《战国策》)

这盛世,如你所愿

> **雅奏:** 苏秦为了游说成功,真是不吝语言!

> **和鸣老师:**
> 游说他人不是一件容易的事,苏秦是如何大肆渲染,铺陈齐国民殷国富、兵马强壮的呢?请你从文中找一找相关语句,体会苏秦话语感染力。

【注释】

①齐车:当作三军,即全军。周制天子六军,诸侯大国三军。一军为一万二千五百人。齐国设上、中、下三军。

②五家之兵:指齐桓公时管仲所定的兵制,每五家为一轨,

一家出一丁，五人为一伍，由轨长率之。一说五家即五国。

③临淄（zī）：齐国都城，在今山东境内。

④六博：古代一种棋类游戏。

⑤蹴鞠：古代一种用于习武、健身和娱乐的球类运动。刘向《别录》曰："蹴鞠，兵势也，所以练武士，知有材也，皆因嬉戏而讲练之。"

⑥毂（gǔ）：车轮中心的圆木，车毂，指车。

⑦衽（rèn）：衣襟。

⑧袂（mèi）：袖子。

【邀你读书】

《战国策》是中国古代的一部国别体史学著作，为西汉刘向所编订。它主要记述了战国时期纵横家的政治主张和言行策略，反映了这一时期的历史特点和社会风貌。《战国策》善于述事明理，描写人物形象逼真，如纵横之士苏秦、张仪，勇毅之士聂政、荆轲，高节之士颜斶等，都个性鲜明，他们分别代表了"士"的不同类型。同时《战国策》运用了大量的寓言故事、佚闻掌故来增强辩辞的说服力，其中著名的寓言就有"画蛇添足""亡羊补牢""狡兔三窟""狐假虎威""南辕北辙"等。

【见微知著】

《管子·形势解》是"富强"一词目前可考的最早出处。管子认为国家只有强大了，才不会被欺负，认为国家是否富强是衡量统治者是否称职的重要标准之一。老子认为国小民少，不受外界过多干扰，保持质朴的生活方式，人民能够安居乐业，这样就能实现国家的长治久安。孔子主张统治者要胸怀仁爱之心，以民为本，认为老百姓经济富足、身体健康、得到教化是国家富强、社会文明的前提。墨子主张"兼爱""非攻"，认为战争会导致贫穷和动荡，国家富强、社会稳定需要国与国、人与人之间的关爱和互利。纵横家苏秦说服齐宣王与赵国联合对抗秦国时，传达了重要理念：国家的发展归根结底是要依靠自身。富强是国家在外交上独立自主、与其他国家共谋发展的底气。上述诸子从治国理政、国家关系、百姓需求、社会稳定、外交策略等多个维度，就国家如何实现富强提出了各自的见解和主张。这些思想在今天仍然具有借鉴意义。

这盛世，如你所愿

【叩门引路】 盛唐时期的中国民熙物阜、文化昌盛、国力强大,都城长安更是当时世界上规模最大、最繁华的城市之一。全盛时期的长安城究竟是什么样子?让我们跟随唐代的诗人们在诗歌中"梦回"长安,感受那时的盛世繁华。

唐诗二首

和贾至舍人早朝大明宫之作

唐 王维

绛帻鸡人报晓筹①,尚衣②方进翠云裘③。
九天阊阖④开宫殿⑤,万国⑥衣冠拜冕旒⑦。
日色才临仙掌⑧动,香烟欲傍衮龙浮⑨。
朝罢须裁五色诏⑩,佩声归到凤池头⑪。

雅奏:

首联选择"报晓筹"和"进翠云裘"两件事,表明大臣忠于职守,为显示大唐之威蓄势。

尧年:

颔联描绘了宫门次第打开的壮丽景象和群臣朝拜天子的盛大场面。"万国衣冠"与"冕旒"对举,中间用一"拜"字,利用数量上众与寡,位置上卑与尊的对比,突显了大唐帝国的威仪。

【注释】

①绛帻（jiàng zé）鸡人报晓筹：戴着红巾的报时官手执更筹报晓。绛帻，用红布包头似鸡冠状。鸡人，古代宫中天将亮时，头戴红巾的卫士于朱雀门外高声喊叫报时，好像鸡鸣，以警百官。晓筹，即更筹，夜间计时的竹签。

②尚衣：官名。隋唐有尚衣局，掌管皇帝的衣服。

③翠云裘：用翠鸟羽毛装饰的华美皮衣，指天子的朝服。

④阊阖（chāng hé）：大门，此处指皇宫正门。

⑤宫殿：即题中的大明宫，在唐朝亦称蓬莱宫，因宫后蓬莱池得名。大明宫是长安城中规模最大的一座宫殿，皇帝在此处理朝政。

⑥衣冠：指文武百官，通过服饰来指代官员，暗示早朝场面的庄重正式。

⑦冕旒（miǎn liú）：古代帝王、诸侯及卿大夫的礼冠。旒，冠前后悬垂的玉串，天子之冕十二旒，这里指皇帝。

⑧掌：为掌扇之"掌"，即障扇，宫中的一种仪仗，用以蔽日障风。

⑨衮（gǔn）龙浮：皇帝的龙袍上绣龙飘浮，锦绣光泽闪动。衮龙，犹卷龙，指皇帝的龙袍。

⑩裁五色诏：拟写诏书。裁，拟写。五色诏，用五色纸所写的诏书。

⑪凤池头：凤凰池，这里指中书省。

登观音台①望城

唐 白居易

百千家似围棋局,十二街如种菜畦②。
遥认微微入朝火③,一条星宿④五门西⑤。

和鸣老师:
全诗从鸟瞰的角度写出长安城的全貌,与标题中"望"呼应。当时的长安城规模宏大、布局规范,你从诗中的哪些地方能感受到这一点呢?

星瑶:
诗人用"棋局""菜畦"作喻,描绘出长安城纵横交错、整齐划一的建筑格局。

【注释】

①观音台:长安乐游原上观音寺(后改名青龙寺)内的高台。
②菜畦(qí):菜田中划分的方形小区。
③入朝火:官员早朝时所执之灯火。入朝,指官员前往皇宫上朝。
④一条星宿(xiù):形容百官所执灯火,宛如天空一道星宿,这个比喻形象地描绘出上朝队伍的壮观景象。
⑤五门西:五门西,点明了官员上朝队伍的方位,五门,当指皇城的五座门。

【见微知著】王维在《和贾至舍人早期大明宫之作》这首诗中运用细节描写和场景渲染的手法，生动呈现出长安城里百官上朝时那宏伟庄严的场面，凸显出帝王的尊贵。而白居易晨起眺望长安城，用"围棋局""菜畦""一条星宿"作喻，写出了长安城布局规整、坊里齐整有序的特点。这两首诗在具体的写法上，虽有不同，但是都淋漓尽致展现出了大唐长安的雄伟、壮丽。读罢这两首诗，仿若能在唐诗的斑驳光影里，重温昔日繁华，一朝梦回长安。

这盛世，如你所愿

【叩门引路】唐朝，是中国古代诗歌发展的巅峰，而盛唐诗作更是在唐代诗坛上占据着举足轻重的地位。李白、杜甫、王维、孟浩然、高适、岑参、王昌龄、王之涣……这一众诗人如璀璨星辰，闪耀在历史长河之中。历经岁月洗礼，他们为何始终备受推崇？他们笔下诞生的那些千古名篇、绝美佳句，又有着怎样魔力，能穿越时空，让一代又一代读者为之动容？

盛唐气象（节选）

当代 林庚

盛唐是中国古典诗歌的全盛时期，这全盛不是由于量多，而是由于质高。当然盛唐比起初唐来，诗的数量是较多的，但是比起中晚唐来，它却是较少的。《全唐诗》所收诗的比例，除五代及生平不明的作家（这些人一般的作品也都很少）外，初唐诗人约为270人，作品约2757首；盛唐诗人约为274人，作品约6341首；中唐诗人约为578人；作品约19020首；晚唐诗人约为441人，作品约14744首。按照这个数字，如果画成曲线，中唐显然在人数和作品数量上都是高峰，然而我们却说盛唐时代是唐诗的最高

> **和鸣老师：**
> 这是一篇文学评论。文学评论需要用准确充分的论据来论证提出的论点，这些论据有史料、数据、事例、理论依据等多种形式。这篇评论的论点是什么？请你找一找。作者接下来使用了哪些论据来佐证这个观点？请你读完选文后，试着说一说。

峰，这里正是就质量而言。

盛唐时代前后约半世纪，初唐时代则前后约一世纪。从发展上看，盛唐时代的诗坛盛况对于初唐乃是飞跃的；而中唐的八十年，虽然数量增多了，在某些方面，并且也取得了新的成就，但从发展上看却是在减速中，是在深入与浅出难以统一的过程中。这样，到了晚唐便自然地更为无力了。如果事物发展速度可以说明它本质的一面，那么盛唐时代的诗歌发展就正是处于最蓬勃健旺的时刻。

盛唐气象所指的是诗歌中蓬勃的气象，这蓬勃不只由于它发展的盛况，更重要的乃是一种蓬勃的思想感情所形成的时代性格。这时代性格是不能离开了那个时代而存在的。盛唐气象因此是盛唐时代精神面貌的反映。然而我们如果以为诗歌是像照相机似的，在反映时代的精神面貌时，乃是完全亦步亦趋，则也是不尽然的。因为文学之反映现实经常是通过作者的思想感情来表现的，特别是古典抒情诗歌，作者的世界观与作品的艺术形象经常是统一的。当然这并不等于说在古典抒情诗中就没有主客观矛盾的现象。例如唐初王绩的一首名诗《野望》：

> 东皋薄暮望，徙倚欲何依。
> 树树皆秋色，山山唯落晖。
> 牧童驱犊返，猎马带禽归。
> 相顾无相识，长歌怀采薇。

作者是隋末的遗民，对于唐代新的统一局面是怀着遗民的寂寞之感的。这首诗的主题，所谓"东皋薄暮望，徙倚欲何依……相顾无相识，长歌怀采薇"，也正是表达了遗民之感的。可是这首诗之所以成为唐初的名作，却并不因为这个主题，而是由于中间四句"树树皆秋色，山山唯落晖。牧童驱犊返，猎马带禽归"的醒目的形象。这形象比一切唐初的诗篇更早地反映出了在新的统一局面下和平生活的环境与人民各得其所的心情，这也就是这首诗之所以具有文学史上突出的价值。而这一种对于时代的礼赞，它原是遗民的世界观中所没有的，却正是客观上现实存在的。这里客观的反映是突破了作者的世界观而出现的。然而一般的情况，在古典抒情诗里这样的现象是稀少的，至少是不明显的。一般的情况，时代的精神面貌经常是通过它所赋予作者的世界观与它所孕育的作者的性格而出现的。这就必然发生一种现象：诗歌中所反映的时代精神面貌，不免会稍迟于那个时代现实的发展。因为认识既经常落后于形势，那么诗人能充分认识新的现实也就经常需要一段短暂的时间，同时诗人们要改变他们已经形成的世界观与前一阶段所孕育成熟的性格也需要一段短暂的时间，这就不能那么紧凑地亦步亦趋了。事实上开元之初，继承了武则天王朝的发展，整个社会已经进入上升的高潮，然而诗坛盛况却还要等到开元中叶才更有力地普遍展开。

尧年：
说到时代精神面貌和作者性格的关系，我想到南唐后主李煜《虞美人》中的"问君能有几多愁？恰似一江春水向东流"与李白《将进酒》中的"呼儿将出换美酒，与尔同销万古愁"。这两首诗都写到了"愁"，但二者所传达的情绪却截然不同，给读者带来的阅读感受也大相径庭。

雅奏：
盛唐时代，国家繁荣昌盛，人们对生活的热情饱满而浓烈，在这一时期的诗歌作品里，诗人即使描绘了千愁万绪的复杂情感，其底色也依然是豁达开朗、豪放的。

【见微知著】 这篇文学评论立足文学与时代的关系，围绕中心论点——盛唐诗歌的全盛"不是由于量多，而是由于质高"展开论证。论证过程循序渐进，分为三个部分：首先，引用数据论证盛唐诗歌的蓬勃并不是因为数量多，而是体现在质量上；而后，从文学与时代的关系出发，提出诗歌中的盛唐气象来源于盛唐时期的时代性格；最后，通过对初唐诗歌《野望》的文本赏读，论证时代精神对文学的影响是巨大的，有时候会突破作者主观意识而存在，但因为作者主观因素的影响，诗歌对现实的反映也不是亦步亦趋的。虽然文学发展并不完全取决于时代，但"文章合为时而著，歌诗合为事而作"，时代犹如文学的血液和经络，每个时代的文学都有自己的特点，时代繁荣往往能为文学发展提供更丰富的养分。

这盛世，如你所愿

【叩门引路】 历史学家陈寅恪说："华夏民族之文化，历数千载之演进，造极于赵宋之世。"在宋代，经济呈现出极度繁荣的景象，其经济总量约占当时世界经济总量的90%。这种经济发展态势有力推动了城市的繁荣。城市人口密集，商业昌盛，与之相伴的是，市民的娱乐活动也变得丰富多样。词，本是合乐而唱的歌词，起初流传于民间。市民娱乐需求的增长使词走向兴盛。北宋词人柳永曾长期游历于江南的苏杭等地，他创作的都市风情词从侧面反映出北宋的繁华。

感受盛世的繁华

望海潮·东南形胜

北宋 柳永

东南形胜，三吴都会①，钱塘②自古繁华。烟柳画桥，风帘翠幕，参差十万人家。云树绕堤沙，怒涛卷霜雪③，天堑④无涯。市列珠玑⑤，户盈罗绮，竞豪奢。

重湖⑥叠巘⑦清嘉，有三秋⑧桂子，十里荷花。羌管弄晴，菱歌泛夜⑨，嬉嬉钓叟莲娃。千骑拥高牙⑩，乘醉听箫鼓，吟赏烟霞。异日图⑪将好景，归去凤池⑫夸。

和鸣老师：

清代文学家刘熙载在《艺概·词曲概》中说"词有点，有染"，这是词指的一种表现手法——"点染"。"点"将所要抒写的情感、道理，一语点明，使读者了然于胸；"染"则是对已经点明的情感和道理进行渲染、烘托，以便读者能从更具体的角度，更深刻地理解与感悟。你能说说这首词"点"在哪里？作者又是怎样"染"的呢？

> **时乐：**
> "钱塘自古繁华"是这首词的"点"，后面展开的描写都是"染"。作者运用动静结合、比喻、夸张等手法，极力铺排，从不同的角度表现出杭州的繁荣、美丽、富饶。

【注释】

①三吴都会：一作"江吴都会"。三吴，即吴兴（今浙江省湖州市）、吴郡（今江苏省苏州市）、会稽（今浙江省绍兴市）三郡，这里泛指今江苏南部和浙江的部分地区。

②钱塘：即今浙江省杭州市。

③怒涛卷霜雪：又高又急的潮头冲过来，浪花像霜雪在滚动。

④天堑（qiàn）：天然沟壑，一般指长江，这里借指钱塘江。

⑤珠玑（jī）：指珍贵的珠宝。珠，珍珠。玑，一种不圆的珠子。

⑥重湖：以白堤为界，西湖分为里湖和外湖，所以也叫重湖。

⑦叠巘（yǎn）：层层叠叠的山峦，指西湖周围的山。巘，小山峰。

⑧三秋：秋季，亦指秋季第三月，即农历九月。

⑨菱歌泛夜：采菱夜归的船上一片歌声。菱，菱角。泛，漂流。

⑩高牙：古代行军有牙旗在前引导，旗很高，故称"高牙"。这里指高官。

⑪图：描绘。

⑫凤池：全称凤凰池，原指皇宫禁苑中的池沼。这里指朝廷。

【见微知著】

全词以点带面,用波澜起伏的笔法,浓墨重彩的铺叙展现了杭州的繁荣景象。此词声韵节奏和所抒之情起伏相应,音律和谐,情致婉转,尽显杭州之繁华盛貌,生动地描绘了一幅国泰民安的游乐图卷。

感受盛世的繁华

【叩门引路】南宋时期，经济重心南移完成。到了元朝，江南持续繁荣。诗人张养浩于1316年途经江浙时，有感于江南的富庶和风光，写下这首小令。让我们跟随张养浩的文字，一同走进美丽的江南水乡，感受当时文人雅士所向往的诗意栖息地。

水仙子·咏江南

元 张养浩

一江烟水照晴岚，两岸人家接画檐，芰荷丛一段秋光淡。看沙鸥舞再三，卷香风十里珠帘[①]。画船儿天边至，酒旗儿风外飐[②]。爱杀[③]江南！

时乐： 这首小令明白如话，读起来活泼俏皮。

尧年： 它用了很多口语化表达，比如"画船儿""酒旗儿""爱杀"。

雅奏：

我发现它还用了很多数量词，"一江""两岸""一段""再三""十里"。这些看似简单的词，不仅让语言表达更为活泼生动、简洁凝练，还勾勒出一幅幅清新画面，让人感受到江南风物的明丽隽永。

这盛世，如你所愿

【注释】

① 卷香风十里珠帘："十里香风卷珠帘"的倒装。这句词化用杜牧《赠别》中的诗句："春风十里扬州路，卷上珠帘总不如。"

② 飐（zhǎn）：风吹物使之颤动的样子。

③ 杀：通"煞"，非常，甚。用在动词后，表示程度深。

【见微知著】

这首小令以江水为中心，用白描的手法由远及近地将江南水乡的美丽秋光铺展开来。画面开阔悠远，情韵生动。相接的画檐、风里的香气、行驶的画船、招摇的酒旗……无一不显示出江南地区的人口稠密和繁华富庶。这样的宜居之地，谁能不喜欢？最后一句"爱杀江南"，作者直抒胸臆，表达出对江南的深深喜爱。

插画 王 超

【叩门引路】 明代中期以后，随着经济的发展，民间戏曲艺术活动分外繁盛。每年，苏州虎丘都会举办昆曲大会。在张岱生活的年代，苏州虎丘的戏曲盛会热度不减。让我们跟随张岱的文字，穿越时空，亲身去感受这场音乐盛宴。

虎丘中秋夜（节选）

明末清初 张岱

感受盛世的繁华

　　天暝月上，鼓吹百十处，大吹大擂，十番铙钹①，渔阳掺挝②，动地翻天，雷轰鼎沸，呼叫不闻③。更定④，鼓铙渐歇，丝管繁兴，杂以歌唱，皆"锦帆开⑤""澄湖万顷"同场大曲，蹲踏⑥和锣，丝竹肉声，不辨拍煞⑦。更深，人渐散去，士夫眷属皆下船水嬉，席席征歌，人人献技，南北杂之，管弦迭奏，听者方辨句字，藻鉴⑧随之。

　　二鼓人静，悉屏⑨管弦，洞箫一缕，哀涩清绵，与肉相引，尚存三四，迭更为之。三鼓，月孤气肃，人皆寂阒⑩，不杂蚊虻。一夫登场，高坐石上，不箫不拍，声出如丝，裂石穿云，串度⑪抑扬，一字一刻⑫。听者寻入针芥⑬，心血为枯，不敢击节，惟有点头。然此时雁比⑭而坐者，犹存百十人焉。使非苏州，焉讨识者⑮！

时乐：
夜深还在专注听歌的一定是"铁粉"！

雅奏：
"不敢击节，惟有点头"，听众生怕会错过歌声里细微之处的美妙，连鼓掌喝彩都不敢发出声响。这是一场演唱会的理想状态，有优秀的歌者，有懂得欣赏的听众，演唱者与听众之间的高度共鸣！

【注释】

①十番铙（náo）钹（bó）：通常称为十番锣鼓。用笛、管、箫、弦、中国提琴、云锣、汤锣、木鱼、檀板、大鼓十种器乐合奏，故称。间有用铙、钹两种铜制打击乐器者。

②渔阳掺（càn）挝（zhuā）：鼓曲名。《后汉书·祢衡传》："衡方为渔阳参挝，蹀躞（dié dié，小步走路）而前，容态有异，声节悲壮，听者莫不慷慨。"李贤注："参挝是击鼓之法。"

③呼叫不闻：形容鼓乐雷鸣，以至淹没了呼叫声。

④更定：指初更以后，晚上八点左右。

⑤锦帆开：传奇《浣纱记》第十四出《打围》中的曲句。

⑥蹲踏：喧哗嘈杂之声。

⑦拍煞：节拍煞尾，泛指声音旋律的节奏。

⑧藻鉴：品藻镜察，品评鉴别之意。

⑨屏：弃，撤去。

⑩寂阒（qù）：寂静。

⑪串度：发声吐字，指演唱。

⑫一字一刻：形容每唱一词，每吐一字，必依曲委婉，一丝不苟，历时颇长。

⑬针芥：指曲调的细微末节处。

⑭雁比：如雁行排列有序。

⑮使非苏州，焉讨识者：如果不是在苏州，哪里还能看到如此景象啊！使，假使。

【见微知著】《虎丘中秋夜》以时间为线索，描述了由"天暝月上"，经过"更定""更深""二鼓"，而至"三鼓"的各种表演的声音，人虽由多变少，歌吹乐奏却渐入佳境，愈臻曼妙。中秋月夜，虎丘听曲，饶有情趣的苏州市民生活，表现出当地商品经济发展所带来的地区文化生活的丰富以及市民欣赏水平、精神生活的提升。

感受盛世的繁华

【大河论坛】

　　诸子的观点和主张，从不同的角度探讨了实现国家富强的方法。假如诸子穿越到当下的中国，面对中华民族伟大复兴事业，他们会如何出谋划策呢？基于对诸子思想的了解，不妨大胆设想一下，他们会发表怎样的高见？又会采取哪些行动呢？

互动留言区：

孔子：
我生活的年代到处都在打打杀杀，我主张仁爱、教化，到哪里都不受君主待见，现在我大展身手的好时代到了。国家富强、民族复兴没有人才可不行，搞教育我最擅长。我要借助现在国家对教育的大力投入，好好地践行我的教育理念，还要借助信息技术手段促进个性化学习，有针对性的学习，为中华民族的伟大复兴培养人才。

韩非子：
老孔能大展身手，不代表我就落伍了。当下，国家法治建设至关重要。我会深入钻研现代法律体系，确保法律明晰准确。完善的法律是经济发展、社会稳定的保障，更是民族复兴的支撑。我要凭所学，为民族复兴保驾护航！

墨子：
"科教兴国"，科学技术是推动国家发展的强大动力！我将投身于科研创新中，勇于探索，致力于解决国家发展中的关键技术难题，为中华民族的伟大复兴贡献科技力量。

我说：

这盛世，如你所愿

【一叶知春】

楚不用吴起而削乱,秦行商君法而富强。
———《韩非子》

国富强而法立兮。
———战国·屈原《九章》

忆昔开元全盛日,小邑犹藏万家室。
———唐·杜甫《忆昔二首》

赏罚严明国富强。
———南宋·徐钧《齐威王》

追逐梦想的脚步

民智者,富强之源也。

——严复《原强》

和鸣老师：鸦片战争后，中国沦为半殖民地半封建社会。在追求民族独立、国家富强和人民幸福的道路上，无数仁人志士前仆后继，不少人甚至付出了生命的代价。关于他们的历史故事和名言，你们读过哪些呢？

展鹏：孙中山先生为当时中国积贫积弱的状况而痛心疾首，第一个喊出"振兴中华"的响亮口号。1911年，在他的领导和影响下，震惊世界的辛亥革命爆发，辛亥革命推翻了清朝的统治，从而结束了中国两千多年的封建君主专制制度，有力地推动了中国社会的变革。

自强：晚清时期，洋务派发起洋务运动，探索国家富强之路。李鸿章主持建设北洋水师，是洋务派在富国、强兵道路上做出的重要努力！

浩强：谭嗣同曾强调过人才对于国家富强的重要性——欲讲富强以刷国耻，则莫要于储才。

星瑶："为了中华民族的繁荣富强，我要献出全部学识智慧。"中国近代科学家、教育家钱伟长的话也让我印象深刻。

这盛世，如你所愿

"两弹一星"功勋邓稼先说:"工作目标要奔世界先进水平。"这是来自科学路上追梦人的呼唤。

海翰

是啊,中华民族为了实现国家富强进行了各种探索。面对西方经济的冲击,中国一度陷入落后挨打的境地。面对压迫,具有先进思想的中国人以富国强民为己任,前仆后继。下面让我们一起从经典中感受先辈们在曲折中奋力前行的力量。

和鸣老师

追逐梦想的脚步

【叩门引路】 1841年5月30日清晨,广州三元里及各乡数千乡民手持武器,将英军盘踞的四方炮台团团包围。在恶劣的天气中,广大群众手持刀矛,勇猛冲杀,直杀得侵略者连滚带爬,向四方炮台夺命逃窜。著名诗人张维屏目睹耳闻了群众这英勇的抗英斗争事迹后,动情地写下这首诗歌。

三元里

清 张维屏

三元里①前声若雷②,千众万众同时来。
因义生愤愤生勇,乡民合力强徒摧。
家室田庐须保卫,不待鼓声群作气③,
妇女齐心亦健儿,犁锄在手皆兵器。
乡分远近旗斑斓,什队百队沿溪山。
众夷④相视忽变色:"黑旗死仗难生还。"
夷兵所恃⑤惟枪炮,人心合处天心到,
晴空骤雨忽倾盆,凶夷无所施其暴;
岂特火器无所施,夷足不惯行滑泥,
下者田塍⑥苦踯躅⑦,高者冈阜愁颠挤。
中有夷酋⑧貌尤丑,象皮作甲裹身厚。

这盛世,如你所愿

自强:
在三元里人民的英勇反抗下,英帝侵略者外强中干的丑态显露无遗!

浩强：

在首句"三元里前声若雷"诗中，虽然未见人群聚集的场景，但已能感受到群情激愤的强大气势。

> 一戈已椿⁹长狄⁰喉，十日犹悬郅支首⑪。
> 纷然欲遁无双翅，歼厥渠魁⑫真易事。
> 不解何由巨网开，枯鱼竟得攸然逝。⑬
> 魏绛和戎⑭且解忧，风人⑮慷慨赋同仇⑯，
> 如何全盛金瓯日，却类金缯岁币谋。⑰

和鸣老师：

作者花费大量笔墨描绘侵略者丑态的意图是什么呢？

自强：

全诗通过具像化的丑态描写，既完成了对侵略者的历史审判，又构建了民众英雄的集体群象。

和鸣老师：

诗歌前半段的人物群像描写，表现了三元里人民斗争时"人心合"的集体力量。请结合具体诗句，说说你的感受吧。

读者留言：

【注释】

①三元里：村名，在广州城北。

②声若雷：声音如同雷鸣，喻声势之大。

③鼓声群作气：出自《左传·庄公十年》："夫战，勇气也，一鼓作气。"这里指众人鼓足士气。

④夷：古代用以泛指西方的少数民族，也用以称外国人。这里指英国侵略军。

⑤恃（shì）：依赖，凭借。

⑥田塍（chéng）：田间的土埂子。

⑦踯躅（zhí zhú）：徘徊不前，比喻走路艰难。

⑧夷酋：指英国侵略军军官。梁廷枏（nán，同"楠"）《夷氛闻记》卷三："伯麦身肥体健，首大如斗。"

⑨摏（chōng）：撞击。

⑩长狄：古代北狄的一种，这里指英国侵略者。

⑪悬郅（zhì）支首：汉元帝时，西域都护甘延寿及副校尉陈汤等人，杀匈奴郅支骨都侯单于，悬其首于蛮夷邸门。车骑将军许嘉、右将军王商以为"宜悬十日"。

⑫歼厥渠魁：语出《尚书·胤征》。渠魁，首领。

⑬不解何由巨网开，枯鱼竟得攸然逝：英军龟缩四方炮台，数万群众团团围住，正待全歼敌人时，英军派汉奸混出重围，带信恐吓清廷派往广东的靖逆将军奕山，奕山派广州知府余保纯，用各种欺骗手段将村民驱散，英军得以解围。诗写此事。枯鱼，困于涸辙中的鱼，这里指英军。这句诗以枯鱼很快游入水的深处，喻敌人得以解围逃脱。

⑭魏绛和戎：魏绛，即魏庄子，春秋时晋国大夫，力主与戎族和好，认为和戎有五利；意见为晋悼公所采纳，与诸戎族订盟，从而保证了晋国国势的强盛。（事见《左传·襄公四年》）诗人这

里是反用其事,讽刺清政府妥协求和只顾解眼前之忧,无益于国事,故才有下文"赋同仇"云云。

⑮风人:诗人。古代太史陈诗以观民风,故称诗人为"风人"。

⑯同仇:《诗经》中的《无衣》有"修我戈矛,与子同仇",这里指人民同仇敌忾,奋勇杀敌。

⑰如何全盛金瓯日,却类金缯岁币谋:为何国家强盛的时候,(统治者)要像北宋对待辽、金一样,输纳钱物,屈膝求和?金瓯,喻国家疆土完固。《南史·朱异传》:"我国家犹若金瓯,无一伤缺。"金缯,金银丝绢。岁币,指朝廷每年向外族输纳的银两。

【小课堂】张维屏及其诗歌创作

张维屏,字子树、南山,号松心、松轩,晚号珠海老渔,广东番禺人。其早年诗作清丽脱俗,内容大多为山水、闲情、赠答。他晚年辞官归隐,前期作品写隐居生活的随性自然,不务雕饰。鸦片战争爆发后,张维屏目睹英国对中国的野蛮侵略,受三元里人民抗英义举所感染,写下一系列歌颂中国军民英勇无畏、团结抵抗的诗篇,如《三将军歌》等。

【见微知著】

这是一首历史叙事诗,记录了三元里乡民自发组织,抗击英国侵略者、保家卫国的抗争历程。诗歌通过对人物群像的描写,展现出三元里乡民毫不畏惧、团结一心的大无畏勇气和战斗精神,以及在乡民们的英勇抗争下,英国侵略者惊慌失措、丑态百出的群貌;结尾部分通过比喻、用典的修辞手法,谴责了清政府统治者的软弱无能。这首诗歌用质朴的语言写出了中国人民反抗外来侵略者的决心和勇气,展示出人民力量的伟大。在追求民族独立、国家富强的道路上,人民群众是力量的源泉!

【叩门引路】第二次鸦片战争结束后,洋务派试图通过开展洋务运动实现自救。洋务运动以"自强""求富"为口号,培养新式人才,创办近代军事工业和民用工业,筹划海防。洋务运动虽然以破产而告终,但它在中国迈向近代化的道路上所起的作用不容小觑。其中,以"求富"为目标,洋务派创办了新式交通运输业,在这个过程中,他们遇到了哪些困难呢?也许从修建中国第一条铁路的过程中,你就可以窥见一二。

骡马路与火车道

当代 张鸣

据北宋的沈括记载,是中国人最早开始用煤。然而,到了近代,虽说中国还是有土煤矿,用土法开采,用牛车运出来,卖给人们取暖用,但是,在煤的开采上,中国人已经大大落后于西方。由英国人开始的工业革命,在燃料动力方面,主要用的就是煤。而蒸汽机的发明,也给煤矿的开采提供了强大的动力,使之迅速现代化,采煤量剧增。英国也由此发展出一整套新式采煤方法,发明了一个又一个采煤机械。

唐山赵各庄一带,煤储量丰富,煤质优良,很早就有商家在此用土法开采。此地距离海边不远,是个利于开采,方便运输的好矿区。所以,李鸿章兴办洋务企业的时候,选中了这个地方办煤矿。李鸿章旗下的开平矿务局,虽然叫作"局",其实就是商人自己集股办的商办企业,只不过为了经营便利,戴了一个"红帽子"而已。主办者唐廷枢，是个老道的买办商人，他精心考察了上海和天津的煤价，计算了土法采煤和新法采煤的优劣和成本，同时详细考察了各种运输工具的运费。最后的结论是，必须用新法采煤，同时矿务局得修一条铁路，否则，开平的中国煤，竞争不过英国煤、新南煤、东洋煤和台湾煤。

> **和鸣老师：**
> 第一、二两个自然段，写了什么内容？这与修火车道有什么关系？

> **海瀚：**
> 作者将中外煤矿开采和运输方式进行对比，证明建立新式交通运输方式——铁路的重要性。

采用蒸汽机动力和新式矿山机械采煤，在当时没有多少障碍。同样是蒸汽机，无论工厂里的锅炉有多大，烟囱有多高，朝中的大佬们，都没有太多的感觉。仅仅可以吓住那些围观的民众，让他们好长时间都不敢进厂做工。但是，一说到修铁路，几乎朝中所有人都摇头。即使是一条仅仅供运煤的，而且是中国官督商办企业专用的线路，也是不行的。没有办法，唐廷枢只好从权，说开凿运河用船运吧。但是，从唐山煤矿到胥各庄19里长的一段，地势陡峭，根本无法挖河，所以，唐廷枢只好申请修条轻便铁路，事先声明，不用蒸汽机车，只有骡马拉。李鸿章在上奏的时候，称这条路为"快车马路"，完全避开了铁路这个词儿，这才得到批准。这是光绪七年（1881）的事儿了。

其实，唐廷枢在这里，是玩了一个小花招，留了一个心眼。如果用骡马拉车，他完全可以真的修条马路，但是他就是修了条有铁轨的铁路。期待的就是有朝一日，把骡马换成蒸汽机车。

插画 王超

这条铁路从光绪七年（1881）五月十三日兴工，由开平矿务局的英国籍总工程师的妻子钉第一颗道钉。同年十一月竣工，这是在中国土地上，由中国人修建的第一条铁路。

路是修好了，但在铁轨上，用骡马拖着带有铁轮子的货车，的确效率非常低，而且不方便。后面是一辆装满了煤的铁路货车，前面是几排骡马，旁边是若干赶骡马的车老板。这样的景观，好看是好看，标准的土洋结合的西洋景，不仅中国人见了笑掉大牙，老外见了也哭笑不得。显然，这样的运输效率，唐山的煤，在市场上也没有多少竞争力。

首先是煤矿的老外看不下去了，第二年，也就是光绪八年（1882），他们的工程技术人员，利用矿山上一台废弃的锅炉，加以修复改造，硬是造成一台小型的机车。机车还有名字，以总工程师妻子的名字命名，叫作"中国之洛克提"。有另外一种说法是，第一台机车被中国工人在车头上刻了一条龙，称之为龙号机车。后来外国工程师又造了一台，马力更大，速度更快的，名叫洛克提。第一台小型机车，一次能拖两辆货车，而且速度比骡马快了不少，运力陡然上升。第二台机车，速度提升为每小时30公里，运力增加更多。但是，好景不长，不知怎么回事，消息就传到了京师的御史老爷耳朵里了。马上老爷们就炸了窝，纷纷上书弹劾，说是火车的声响，震动了东陵，其实东陵在遵化的马兰峪，离唐山有50多公里，即使放炮，埋在地下的满人皇帝都未必听得见。御史们还说，而且火车喷出的黑烟，有碍庄稼的生长。于是，开平矿务局被奉旨严查，严令机车停止行驶。

幸好，时间已经到了1882年，北洋海军正在大规模扩张。李鸿章和唐廷枢以北洋海军急需用煤为借口，经过几个月的反复争取。西太后老佛爷看在海防的面上，网开一面，破例允许唐胥路上用蒸汽机车。这样的话，唐胥铁路，就名副其实了。后来，又从英国运来两台正经八百的机车，唐胥运煤铁路，才走向正轨。

1886年，以唐胥铁路为基础，李鸿章核准成立独立核算的铁路公司，这是一个划时代的事件，因为铁路的运行，具有特殊性，只有成立独立的公司，引进西方的管理运行制度，方可保证火车运行的顺畅和稳定。开平铁路公司，性质跟开平矿务局一样，都是官督商办的企业，但是，这个公司招股，却遇到了麻烦。商人们很不踊跃，认股者稀少。后来铁路延伸所需的资金，都是李鸿章从法国借的。次年，公司将铁路延伸到阎庄。李鸿章奏请修建之时，虽然西太后经过美国的玩具火车的开导，已经不那么顽固了，但李鸿章奏请修建之时，却依旧称铁路沿线都是荒无人烟的盐碱地，不会有征地纠纷，而且，开平的煤是为北洋海军所急需。1888年，铁路延展到天津，长达200余里。通车那天，李鸿章亲自出席，路局特意准备了花车，装了一车的高官，前来凑趣。接下来，铁路再次延伸，到了大沽。只是，津沽线的修建，出现了前所未有的困难，当地的农民和乡绅，在某些别有用心的人鼓动下，一度激烈地反对修路，经过反复开导弹压，才算修成。至此，开平矿务局的煤，才算可以畅通无阻地运到码头。开平矿务局，也因为铁路的最终修成，才真正走上正轨。终于可以像西方国家的煤矿一样，煤铁（路）一体，从此彻底告别了马车。

必须提一笔的是，这条铁路的修建，海军衙门的王大臣醇亲王奕譞起了非常积极的作用。这位在别人眼里相当保守的亲王，在见识了北洋海军的编队，打靶，鱼雷施放，特别是玩了美国人送的玩具火车之后，对铁路事业，突然热心起来。拼了命到处推广铁路，说火车的神奇。毕竟他跟西太后是双重的亲缘关系，有他在里面撺掇，这条中国实际上的第一条铁路，越到后来，建得越是顺利。这期间，保守派人士，捣乱依旧，奏章迭进，但是，西太后已经见识了玩具火车，而且旁边有这么个至亲一个劲儿说好话，所以，保守派的话，就不好使了。当然，这条唐沽铁路，兴建还是以海防的名义做的，由于有北洋海军做铺垫，而且西太后出于个人的原因，又特别待见北洋海军，所以，这条铁路的建成，从理论上讲，还属于特例。但这个特例一开，而且开得相当特别，连临近皇家陵园，都无所谓了。那么，此例一开，以后别的铁路的修建，事实上也就没有太多障碍了。

这条断断续续从唐山修到大沽的铁路，虽然诞生过程相当复杂困难，而且，李鸿章还顶着压力，借了洋款，但铁路修成之后，运转良好，不仅按时归还了借款，而且很快就获得了盈利。这条铁路的榜样力量是无穷的，此后，一条接一条的铁路的修建，开始提上议事日程。1888到1889年，台湾基隆到台北的铁路，在刘铭传的主持下建成。中日甲午战后，1896年，卢汉铁路（即后来的京汉铁路）开始修建，1897年，铁路修到保定。1899年，津浦线，最初是津镇线也开始筹建。这两条铁路一修，作为中国腹地的主干线的横空出世，所有关于铁路的争议，都就此止息了。

在铁路上，马拉货车的故事，已经成为历史，但是这个故事告诉人们，中国的现代化，步履维艰，每一步，迈得都那么难。难，并不难在实际的障碍上，而是人们的观念。观念之障，有时，比跨越崇山峻岭还艰险。

（选自《洋务自强》）

和鸣老师：
请结合文中对唐山至大沽段铁路修建的论述，说一说在修建铁路的过程中，洋务派遇到了哪些困难，他们又是如何战胜这些困难的。

读者留言：

【小课堂】唐廷枢是谁?

唐廷枢,原名唐杰,字建时,号景星,又号镜心,广州府香山县唐家村(今广东省珠海市唐家湾镇)人。唐廷枢是中国近代著名的民族实业家和慈善家,他一生创办工商企业40多家,涉及轮船运输、煤矿、铁路、保险、水泥、教育以及慈善等诸多领域,创造了多个中国近代工业第一:第一家煤矿开平矿务局、第一条铁路唐胥铁路(连接唐山与胥各庄)、第一家铁路公司开平铁路公司……他是一位埋头苦干、挺起中华民族脊梁的实业家,对创办近代民族实业、推动民族经济发展有着重要贡献。

这盛世,如你所愿

【见微知著】

在当时李鸿章、唐廷枢等洋务派面临重重的困难:统治者们的短视、保守势力的反对、民众的愚昧……在步履维艰中,洋务派们运用智慧,多方斡旋,终于完成了中国自建的第一条标准轨道运货铁路——唐胥铁路,并以此为基础建立了开平铁路公司,形成燎原之势,全国陆续修建了其他铁路。洋务派引进新的生产方式采煤,加上运输效率的提高,对于抵制外国资本的侵略起到了一定的作用,这在中国追求富强的道路上留下了浓墨重彩的一笔!

【叩门引路】

谭嗣同是清末维新运动中杰出的代表人物。他认为中国要强盛，就必须发展民族工商业，还应积极学习西方资产阶级的政治制度。他曾称："今中国未闻有因变法而流血者，此国之所以不昌也。"可见他愿为变法流血牺牲的决心！在好友梁启超的笔下，就记录了谭嗣同决心变法的态度。让我们通过梁启超的文字，去感受谭嗣同在追求国家富强的道路上的英雄本色！

谭嗣同传（节选）

近现代 梁启超

至初六日变遂发。时余方访君寓，对坐榻上，有所擘画，而抄捕南海馆（康先生所居也）之报忽至，旋闻垂帘之谕。君从容语余曰："昔欲救皇上既无可救，今欲救先生亦无可救，吾已无事可办，惟待死期耳。虽然，天下事知其不可而为之，足下试入日本使馆谒伊藤氏请致电上海领事而救先生焉。"余是夕宿于日本使馆，君竟日不出门，以待捕者。捕者既不至，则于其明日入日本使馆与余相见，劝东游，且携所著书及诗文辞稿本数册家书一箧

和鸣老师： 文中哪些地方表现出谭嗣同为变法流血牺牲的决心？

展鹏： 谭嗣同劝作者入日使馆，而自己"竟日不出门，以待捕者"。

自强： 他入使馆劝作者东游，留下遗物、遗言，与作者诀别。

托焉。曰："不有行者,无以图将来;不有死者,无以酬圣主。今南海之生死未可卜,程婴杵臼,月照西乡(月照,日本明治维新时期和尚;西乡,日本明治维新时期的大臣。二人都主张推翻幕府统治),吾与足下分任之。"遂相与一抱而别。初七八九三日,君复与侠士谋救皇上,事卒不成。初十日遂被逮。被逮之前一日,日本志士数辈苦劝君东游,君不听。再四强之,君曰:"各国变法,无不从流血而成。今中国未闻有因变法而流血者,此国之所以不昌也。有之,请自嗣同始!"卒不去,故及于难。君既系狱,题一诗于狱壁曰:"望门投宿思张俭,忍死须臾待杜根。我自横刀向天笑,去留肝胆两昆仑。"盖念南海也。以八月十三日斩于市,春秋三十有三。就义之日,观者万人,君慷慨神气不少变。时军机大臣刚毅监斩,君呼刚前曰:"吾有一言!"刚去不听,乃从容就戮。呜呼烈矣!

> **和鸣老师:**
> 作者在这里用寥寥数语,就写出了谭嗣同从容就义的动人场面,用白描写实,给读者丰富的想象空间!

> **和鸣老师:**
> 结合前文谭嗣同"苦劝""不听"等表现,你觉得谭嗣同的话除了表现出他的临危不惧、舍生取义外,还反映了他怎样的精神品质?

> **自强:**
> 他是在完全可以逃避"死"的情况下,清醒地、主动地用生命和鲜血来唤起民众的觉醒,这是一种敢为天下先的大义,也是他主动牺牲的意义!

【小课堂】程婴、杵臼是谁？

　　程婴，春秋时期晋国的一位义士。相传，他为晋卿赵盾及其子赵朔的友人。杵臼，即公孙杵臼，赵盾、赵朔父子的门客。晋景公三年（公元前597年），大夫屠岸贾欲诛赵氏，程婴和公孙杵臼合谋，藏匿赵氏孤儿赵武，献出自己的生命。

追逐梦想的脚步

【见微知著】

　　传记中写到谭嗣同放弃了一次又一次生的机会，决心以死相殉变法事业。他那振奋人心的话语永远为后人所铭记！鲁迅先生曾说："我们自古以来，就有埋头苦干的人，有拼命硬干的人，有为民请命的人，有舍身求法的人……这就是中国的脊梁。"谭嗣同无疑是这样的中国脊梁。在追求国家富强的道路上，我们也应该像谭嗣同一样，做中国的脊梁！

【叩门引路】甲午中日战争中北洋水师的惨败,给状元张謇带来了巨大的心理震颤,使他明白在当时当官无法救国的现实。随后张謇在"国非富不强、富非实业不张"思想的指导下,艰辛地创办了大生纱厂。期间集资之难,让他发出"坐困围城,矢尽援绝"的感慨。但即使"进寸无缘,退且万碎",张謇还是以坚韧不拔的意志,取得了成功。

状元实业家张謇

当代 曹靖生 陈峻菁

夜色来临,上海春阳酒楼门前,张謇拱手为礼,将原来约定要在通州纱厂入股的上海厂董们迎入酒楼。

待将最后入席的沪商也安排坐下,张謇这才一抱拳,强笑道:"这次我来上海,是要向各位汇报一下通州大生纱厂的进展,晚了几天才请大家吃饭,请多包涵。"

一位沪商道:"张先生,你的纱厂听说到现在地皮才弄好,厂房也没盖,机器也没买,我们大伙心里没底,不知道哪天才能看见纱厂有出息啊?"

又一个沪商道:"是啊张先生,盛大人的德隆纱厂昨天已经跟英国洋行的人签了协议,要去洋人那里买机器了,你的机器什么时候订?"

张謇道:"我们大生也已和英国织机厂的人开始洽谈了,只要各位的股金能尽快到账,机器一事,不用挂虑。"

一位道:"哟!张先生,我正要跟你告罪,我们丝行最近在

> 这盛世,如你所愿

湖州做了一笔生丝买卖，囤了十几万两银子的货，还没卖出去，恐怕这几个月是掏不出现钱来了。"

张謇道："可招股协议上写了，这个月你们的股金就应到账啊。"

沪商辩解道："我们上海做生意，都是寅吃卯粮，银钱上说不准的。这不是，我们钱庄在江西放的一笔巨款出了状况，头寸太紧，我们也要请张先生缓上一阵子了。"

席上又一位沪商追问道："张先生，我怎么听说吴信全退股了？他不是大生纱厂的头号大股东吗？"

张謇被这伙精明商人推搪诘问得满额大汗，他用袖子擦了擦汗，无言以对。

一场饭吃得张謇心灰意冷，他强笑着辞别了上海厂董，在最后一个客人离开后，张謇的脸上顿时挂上了一层严霜，拖着脚步走往住处。

路灯下，他的影子被照得很长，看起来佝偻无力。

和鸣老师：
不仅要顶着巨大的资金压力，还要面对沪商们的出尔反尔，张謇此时的心理活动是怎样的？请你尝试结合具体的词句进行分析。

展鹏： "心灰意冷""强笑"写出张謇内心的失落和痛苦。

自强：
"脸上顿时挂上了一层严霜"，作者运用比喻的修辞手法，将张謇难看的脸色比喻成严霜，"顿时"写出他由强颜欢笑到脸色冷若冰霜的转变之快。这句话生动形象地写出张謇内心的沉重和无法言说的苦涩。

张謇再次来到朵云轩，他坐在桌旁，皮箱靠在腿边。

掌柜的翻着张謇的一叠条幅，拿起那首《书愤》念道："萧然百不能，危坐欲无凭。横江今不成，胡马任蹂行。倦梦浑无赖，闲愁灭更生。便谋成一饱，已足愧生平。好诗！"

张謇有气无力地望了掌柜一眼，满脸都是沮丧之情。

掌柜道："客人是要卖了字换路费回乡？"

张謇道："是。"

掌柜道："这首诗我出十两银子留下了。"

张謇一惊道："为什么？"

掌柜道："这虽不是张状元的真迹，但笔意酣畅，才气纵横，书风绝伦，是不可多得的精品。"

> **和鸣老师：**
> 堂堂一朝状元，为了民众，竟沦落到卖字的地步！可悲！可叹！可敬！

掌柜的起身入隔间道："你等着，我这就拿银子来！"

张謇竦然而惊，不等掌柜的拿钱，他站起身来，拎着皮箱就出了朵云轩的门。

隔条马路，掌柜的还在大喊道："张状元，你等一等！"

回通州的江轮上，张謇混坐在一群穷苦人中，挤在小火轮甲板上用长条板钉出来的座位上。

雪花纷然落下，沾湿了他半白的鬓发和胡须。

蓬头垢面、敞着衣领一副狼狈相的张謇怅望前方落着雪的浑黄江面，抱着皮箱，呆呆出神。

他身边的一个年轻苦力用手肘捅捅他，张謇回过神来，那苦力递给他一个热气腾腾的馒头道："给，你吃点东西！"

张謇感激地接过馒头，大口咬了起来。

下船后，张謇拎着皮箱，深一脚浅一脚地走在积雪的路上。

他拍打着张家的大门。

老仆把门一开，却见门外一个硬邦邦的人直往他怀里倒下来，

这盛世，如你所愿

老仆赶紧扶住外面的雪人，一看竟是张謇。

老仆道："大夫人，二夫人，老爷回来了！"

徐夫人和吴氏赶紧从堂屋出来，吴氏见状不由得哭了起来："老爷，老爷你醒醒，你怎么成了这样？"

徐夫人吩咐道："张忠，你把老爷扶到火筒旁坐下，吴妹妹，别哭了，你赶紧打点热水来……哎，还是我去吧，你别动了胎气。"

家里人忙作一团，张謇半天才在躺椅上睁开眼睛道："我这是在哪儿？"

吴氏道："你在家，老爷，你总算回家了！"

刘梦泽和妻子慧茹、账户先生李曦范等人都来了张家，只见张謇躺在床上，眼窝深陷，面色憔悴。

李曦范道："季直，这么说，上海的厂董全都打了退堂鼓，一两银子的股金也不想兑现？"

张謇闭着眼睛，摇了摇头。

刘梦泽道："别说上海的厂董了，就连我们的厂董，现在也开始观望了，还有几个人吵着要退股。"

张謇睁开眼睛道："大局何以一坏至此？"

刘梦泽叹了口气道："唉，连我们自己人也都……"

他怕张謇伤心，没把话说完。

张謇不解道："自己人？是谁？"

慧茹心直口快道："你还不知道吧，王怀咏见势不好，带着樊黎君跑了。"

张謇大惊，一把扯掉头上的毛巾，坐了起来道："怀咏去了哪里？"

想了想，张謇又道："我不信，怀咏跟我相交多年，他是个遇事有担当的人，绝不会做出临阵脱逃之事。"

刘梦泽道："唉，这次怀咏樊黎君去上海给你送钱，没找到你，却从她的几个小姐妹那里打听清楚了,吴信全这么反反复复,釜底抽薪,全是因为盛宣怀在背后支招捣鬼,他的华盛总纱厂下面,又设了一个自己的德隆纱厂,怕你跟他竞争,所以全力破坏。"

王怀咏续弦的夫人樊黎君,是他上次在上海结识的一位书场红伶,相貌美艳,身世颇奇,为人爽快仗义,对王怀咏帮张謇办纱厂的事业一直十分支持。

没想到关键时候,这两口子却不愿共患难,突然不辞而别,让张謇颇为寒心。

慧茹劝道:"怀咏一定是看纱厂的事情做不下去了,不想陷身泥潭,又怕你回来后当面不好交代,才带着樊小姐半夜跑路。四哥,这事你也别怨怀咏了,谁能想得到盛宣怀一个专司洋务的朝廷大员,本该助你一臂之力,反倒处处跟你作梗,这胳膊怎么拧得过大腿?四哥,你不如也回京城重新当翰林去吧。"

张謇摇了摇头,黯然神伤道:"人各有志,他走,就让他走吧!"

过得数日,张謇已经起身,气色明显好转。

刘梦泽、慧茹、李曦范、徐生茂和张謇在张家围桌枯坐,你望望我,我望望你,情知对纱厂目前的困境都想不出什么好办法。

慧茹道:"这办厂用的银子又不是小数目,四哥,就算我们几个倾家荡产,把老宅、祖田全都卖光,也凑不齐一个零头啊!"

刘梦泽使个眼色,将张謇拉到一旁,轻声道:"季直,该想的办法,我们都想过了,现在就剩下一招了。"

张謇道:"什么招?"

刘梦泽咬牙道:"收官股。"

张謇连连摇头道:"那怎么行!办厂之初我们就有言在先,大生纱厂一份官股都不收,我在张香帅、刘大帅面前苦求了几回,才得他们允准,动静闹得那么大,话也说死了,如今还怎么走回头路?"

刘梦泽道："此一时，彼一时。季直，闹到现在这个局面，大家也不想啊。收官股，或许大生还有救，不然，纱厂眼看只有死路一条，我们前期投入的五万两银子，也会统统打了水漂。"

张謇在房中踱着步子，低头苦思。

刘梦泽轻轻颔首示意，房内的几个人悄悄溜了出去。

第二天一早，天色刚亮，张謇穿上旧皮袍，拿起雨伞包裹，走下台阶。

吴氏追了出来道："老爷，你这是要去哪？"

张謇道："江宁。"

吴氏有些难过地道："老爷，你都一把年纪了，还整天这样东奔西跑，到底图啥？"

张謇不悦地道："我的事，你们少管。"

徐夫人闻声出来帮腔道："吴家妹子说得对，老爷，你都快到知天命的年纪了，又不图升官，又不想发财，还这样做牛做马地跑，不要命了？"

张謇扭头就走，吴氏含泪扯着张謇的衣袖不放，张謇急了，想一把推开她。

徐夫人赶紧护住吴氏道："老爷，你这是干什么？吴家妹子可是有身子的人了！"

张謇失意的脸上露出惊喜交集的神情道："有身子？你……你有了喜？"

吴氏害羞地点了点头。

张謇狂喜道："呵呵，我张謇要有儿子了！我张謇要有儿子了！"

徐夫人道："老爷，你都快当爹了，就歇上两天，吃口安稳茶饭吧。"

张謇恳求道："正是这样我才不能给自己找退路！你们俩就

让我出去办事吧，将来，我要让我儿子知道，他爹不是个草木一般自生自灭的庸人，不是个尸位素餐的废物，他爹是个能办大事的人，能上报国家下安黎庶，不负自己的平生志向！"

> **和鸣老师：**
>
> 好一句"不负自己的平生志向"！难怪苏轼说："古之立大事者，不惟有超世之才，亦必有坚忍不拔之志。"

吴氏只得撒手，二位夫人望着张謇推门而出的背影。

张謇手持雨伞，走在路上，前方是一处小码头，牌坊下只有他一个孤零零的背影。

凄风苦雨中，张謇走上一艘乌篷船的跳板。

船已离岸，张謇弯身走进船舱，一抬头，从窗口望见，刚才还空无一人的码头牌坊下，忽然出现了一群人，那是刘梦泽、慧茹、李曦范等人，他们远远地向他挥着手，用力地挥着手。

刘坤一（两江总督）正在衙门内和幕友对弈，护兵来报道："通州商务局张謇求见。"

刘坤一听到这个名字便头皮发麻，放下棋子，摇头道："请神容易送神难，这个状元相公，属牛皮糖的，谁要是被他缠上了，只怕这辈子都不得消停了。"

幕友笑道："怎么我听大帅这话，像是在夸他？"

刘坤一笑着走入前堂，张謇已在那里恭立良久。

张謇道："大帅，这批织机的事，我就问一句话，大帅做不做得了主？"

刘坤一道："这批美国织机，本是买来给盛宣怀办华盛纱厂用的，可不知何故，这位盛大总办，始终将织机束之高阁，碰都没碰过……"

张謇道:"既然盛宣怀不用,张大帅能否将这些闲置蚀坏的织机交给我?"

刘坤一摇头叹气道:"你不要它还好,你一开口,盛宣怀就说,他正打算把这些织机重新拆装,筹备他的德隆纱厂使用,那德隆纱厂的总办,正是吴信全。"

张謇一听就急了道:"盛宣怀处处跟我作对,动用了八十万两官银购机,竟闲置了五年没用,朝廷没把他来个渎职查办,就对得起他了。刘大帅,你可要为我做主!"

刘坤一摆了摆手道:"你可真是个急性子,先听本督把话说完么!"

张謇道:"大帅请讲。"

刘坤一道:"你去上海这几天,本督已经会同张之洞联名给盛宣怀发函交涉,看在我们两个总督的面子上,盛宣怀同意一分为二,你们两家,把这批织机分分,当做各自纱厂里的官股。"

张謇这才松了口气道:"机器作价多少?"

刘坤一道:"张之洞说,当年买这批美国织机,动用了官银八十万两,如今闲置多年,锈蚀严重,折价五十万两,你和盛宣怀对半付账,各出二十五万两如何?"

张謇沉吟道:"二十五万两……"

刘坤一道:"怎么样?公平吗?"

张謇爽快地点头道:"大帅既然认可,那我也认可。"

刘坤一道:"说是官股,本督还是全权委你总办,不再另派冗员。你的纱厂该怎么着还是怎么着,大小事情,都是你说了算。"

张謇道:"多谢大帅!"

刘坤一道:"好,既然我们谈定了此事,你就拿着本督的亲笔信,去上海找盛宣怀办理交割。"

张謇站起身,肃然地道:"大帅对大生纱厂有再造之恩,请受学生一拜。"

说着,他恭敬庄重地一揖到地。

> **和鸣老师:** "肃然地""恭敬庄重地"这些词,写出了张謇怎样的心理?

刘坤一赶紧扶住他,连道:"使不得,大家都是为朝廷做事,季直,你不必如此。"

张謇抬脸望着刘坤一道:"学生还有一事,要请大帅玉成!"

刘坤一用手指点着张謇,一脸无奈地道:"我的季直老弟,你以后千万不要再给本督行礼了,你每行一次礼,就要给本督添一大堆麻烦事。"

张謇郑重声明道:"适才一礼,学生完全出自真心,绝无他意。"

刘坤一哈哈一笑道:"玩笑玩笑,有什么事你就直说吧!"

> **自强:** 此处"哈哈一笑",拉近了张謇与刘坤一的距离感。

> **和鸣老师:**
> 在塑造刘坤一这个人物上,作者多处用到了"笑"。结合前后文,请你说说"笑"的内涵,以及"笑"表现了人物怎样的性格特征。

> **星瑶:**
> 前文"刘坤一笑着走入前堂",表现了刘坤一虽然觉得张謇会来找麻烦,但还是以笑脸相迎,表达了他对张謇的认可,说明刘坤一是个明辨是非的人。

张謇道:"大帅,大生纱厂诸事草创,处境艰难,既然已是官督商办的纱厂,官府理当扶持,为了吸引商股加入,我想请大帅允准,前三年不收官利,以保证商股的利益,待纱厂赢利之后,不管获银多少,我都一律按照固定数额上缴官利,大帅以为如何?"

刘坤一道:"那怎么行?你这大生纱厂,连织机都用的是官机,三年不收官利,只保着那些小股东发财,让本督如何交代得过去?"

张謇道:"大帅,我不是为了保商股,我要保的是大生这个招牌!"

刘坤一道:"大生的招牌,与本督有什么相干?"

张謇先绕开这个话题道:"甲午年间,大帅督军辽东,对阵倭寇,听说大帅当时有必死之心。《马关条约》签订前夜,十三省督抚都已知道要割让辽东和台湾,却都隐忍不发,只有大帅一个人不顾安危,毅然电奏皇上,要求对日决战,决不议和!三年过去,大帅,你难道已失去当时对倭寇决战的斗志了,再也不敢对日言战了吗?"

> **自强:**
> 此处的激将法,充分展现了张謇的智慧。

在光绪年间的封疆大吏中,刘坤一其实是最敢于任事的一个,远比为人圆滑的张之洞正直敢言,平常他也以此自诩,此刻他听了张謇的讥讽,轩眉一扬,怒道:"季直,你扯到哪里去了?本督什么时候忘记了甲午战败的奇耻大辱了?"

张謇道:"既然大帅没有忘记甲午国耻,就请助我一臂之力!日本自甲午战胜后,用战争赔款建枪炮厂、开煤矿、兴纺织,而我们大清却只能向列强举债度日,两国相差,何啻霄壤。而当今之地球,举世言商,与其和日本兵战,不如商战!"

刘坤一道:"商战?怎么个商战法?"

张謇道:"三年前,我帮张大帅向朝廷进《条陈立国自强疏》

时，就已说过，只有广兴棉铁，大办学校，才能重兴国势，大帅，这大生的招牌，我是要立给全国人民看，让他们知道，中国人也能办好机器工厂，能和西洋人、东洋人抢生意！"

刘坤一若有所动道："你要和洋人抢生意？"

张謇道："一个大生办好了，才有千千万万个大生能诞生。倘若中国的各省各地，民间都能自发办起机器工厂，我们大清，怎么会输给弹丸之地的倭寇？"

刘坤一道："你呀，真不愧是词垣台谏的清流才子出身，本督每次都被你说得无词以对。不过，这官股毕竟是湖北织造局的家当，三年不收官利，就算本督能答应，旁人也会上弹章，说本督慷国家之慨以肥私。这样吧，这些官股，名为官股，实为官贷，只取利息，不要分红。本督也不多要，从出纱之日起，你就每年付八厘息吧！"

张謇道："大帅，这些织机本来就是废弃多年的设备，我这化废为宝，您还要收取利息？"

刘坤一有些不耐烦道："本督看你的面子，已经一再让步，你要织机，本督帮你多方运动，拿下织机，折价入股，你说官股要让利于民，本督索性把官股当做低息官贷放给你，你的大生纱厂，本督从来没派人插手，什么事都让你做主，你还想怎么样？你若再争，本督便撒手不管了！"

> **和鸣老师：**
> 面对刘坤一这种不耐烦的态度，设想一下，如果你是张謇，你会如何应对呢？

张謇默然片刻，忽然抬头问道："大帅，您看我张謇到底是什么人？"

刘坤一道:"此话怎讲?"

张謇道:"我张謇生于寒门,半生布衣,从不汲汲言利,可这四十多岁上,忽然开始厕身富商大贾之中,大帅以为我是为了什么?只为了求一套自家的富贵么?"

刘坤一默然注视着他。

张謇道:"大帅,我是抱了以身饲虎的决心,去兴办实业的!"

刘坤一道:"以身饲虎?"

张謇道:"大帅以为我一心想保护商股利益,是因为我偏向那些富人商人吗?是因为我想讨好他们吗?不,张謇束发读书起,就认为商人是四民之末,是将本逐利的滑民,不足以为伍,可是,为了办实业,我如今不得不和他们朝夕相处啊!"

科举出身的张謇,虽说早已意识到民族工商业的重要,但骨子里还是有儒者的清高,对商民有些不屑。

刘坤一惊讶道:"哦,你把本督说糊涂了,既然你不屑于与商人为伍,为什么还处处为他们说话?"

张謇道:"大帅,张謇是一介寒儒,书生报国,除了空发议论,还能做些什么?甲午科我中了状元后的第四个月,中日便血战黄海。日本人的大炮,让我明白了,只有以实业为父,以教育为母,才能重新孕育一个强盛的新中华。大帅,你以为张謇而今到底是何许人?商人乎?生意人乎?还是实业家?"

刘坤一道:"这……有什么区别吗?"

张謇道:"以我之见,所谓生意人,乃利之所趋,无所不为;而商人,则在义利之间自有取舍,有所为,也有所不为;至于实业家,他兴办实业,是为了以借助实业来变更国体,强国富民,革故鼎新。"

> **和鸣老师：**
> 你觉得张謇是商人，是实业家，还是儒者？请谈谈你的看法。
>
> **读者留言**

刘坤一点了点头道："季直，你以状元之尊不求仕途，却来兴办实业，想必是以实业家自期的，既然如此，你为何却总站在那些小绅商的立场上，一味替他们争利？甚至要本督把官利都让给他们？"

张謇道："大帅，我虽是为商股争利，但实是为了能让大生纱厂尽快赢利，吸引更多的商股加入，壮大规模，打响大生这一块示范全国的实业招牌。倘大生能够成功，通州地方就会建起更多的纱厂，兴办更多的实业，有了钱，我还要办学校，办医院，办银行，办铁路，办邮政，办电力，在地僻人穷的通州，实行全面自治，让这小小的通州，成为垂范全国的现代城邑……大帅，我虽非治国之才，可治一城，却也愿以毕生之力任之！"

刘坤一嘉许地道："好，季直，说得好，你果然是个干实事的人，不是那些纸上谈兵的清流可比。"

张謇道："大帅若能施以援手，再为大生纱厂加一把力，我三年前的梦想，便可以实现了。"

刘坤一道："好，那本督就把你送上马，再扶一程。明天本督便派人给南通知州赵步印去函，要他将今年的地方税赋抽几项出来，资助你的大生纱厂，你看如何？"

张謇明知要让赵步印拿钱，如同缘木求鱼，但也不便驳刘坤一的好意，拱手称谢道："多谢大帅！"

（选自《张謇奋斗史》，标题为编者所加）

> **和鸣老师：**
> 这一段选文多为人物对话，请你在阅读的过程中，尝试和你的同桌分角色朗读，一起来感受张謇的人格魅力吧！

【小课堂】王怀咏和樊黎君真的卷钱跑路了吗？

王怀咏和樊黎君并没有弃张謇于不顾，而是回王怀咏家乡，取赎王家祖上在京城入股的铺子的本钱和红利，为大生纱厂筹集资金，但是不知可否办妥，故而没有告诉众人，后来夫妻二人不仅回来，而且还带回一个好消息：张之洞的湖北制造局，曾动用80万两官银购买纺纱机，一直闲置。故有后文中张謇找刘坤一，以入官股的方式，向张之洞讨要纺纱机的情节。这一处情节的设置，使故事波澜起伏，阅及后文时也给人柳暗花明之感，可谓匠心独运！

【见微知著】

在整个大生纱厂筹建初期，步步艰辛，万难当头。为了筹款集资，张謇时常陷于束手无策、困顿无助之境。旅费不够，他卖字渡过难关，身为状元郎，却要斡旋于商人、官宦之间……在中国走向近代化的艰难途程中，在追求民族富强的道路上，张謇是值得我们敬仰的开拓者。我们从他的身上看到了自强不息的民族精神！

【叩门引路】广州起义前,林觉民想到与自己感情深厚的爱妻,在一块白布方巾上写下了自己的绝笔书信,"巾短情长,所未尽者,尚有万千"。在这块白布方巾上,林觉民向妻子倾诉了什么?他的书信,仅仅是在表达对妻子的深情吗?让我们走进林觉民的《与妻书》,一同感受这位革命烈士深沉又广博的内心世界。

与妻书(节选)

近代 林觉民

吾诚愿与汝相守以死,第以今日事势观之,天灾可以死,盗贼可以死,瓜分之日可以死,奸官污吏虐民可以死,吾辈处今日之中国,国中无地无时不可以死,到那时使吾眼睁睁看汝死,或使汝眼睁睁看吾死,吾能之乎?抑汝能之乎?即可不死,而离散不相见,徒使两地眼成穿而骨化石(传说有一男子外出未归,其妻登高远望化为一块石头),试问古来几曾见破镜能重圆?则较死为苦也,将奈之何?今日吾与汝幸双健。天下人不当死而死与不愿离而离者,不可数计,钟情如我辈者,能忍之乎?此吾所以敢率性就死不顾汝也。吾今死无余憾,国事成不成自有同志者在。依新(即林觉民长子)已五岁,转眼成人,汝其善抚之,使之肖我。汝腹中之物,吾疑其女也,女必像汝,吾心甚慰。或又是男,则亦教其以父志为志,则吾死后尚有二意洞(林觉民的字,这里指他的两个儿子)在也。甚幸,甚幸!吾家后日当甚贫,贫无所苦,清静过日而已。

这盛世,如你所愿

【故事汇】

　　唐朝孟棨（qǐ）在《本事诗·情感》中记载，南朝陈代将亡时，驸马徐德言把一个铜镜破开，跟妻子各拿一半，作为日后重新相见的凭证。后来，徐德言果然靠半块镜子的线索得以与妻子重逢，重新团聚。后世即以破镜重圆比喻夫妻失散后又重新团圆。

　　吾今与汝无言矣。吾居九泉之下遥闻汝哭声，当哭相和也。吾平日不信有鬼，今则又望其真有。今人又言心电感应有道，吾亦望其言是实，则吾之死，吾灵尚依依旁汝也，汝不必以无侣悲。

　　吾平生未尝以吾所志语汝，是吾不是处；然语之，又恐汝日日为吾担忧。吾牺牲百死而不辞，而使汝担忧，的的非吾所忍。吾爱汝至，所以为汝谋者惟恐未尽。汝幸而偶我（以我为配偶），又何不幸而生今日之中国！吾幸而得汝，又何不幸而生今日之中国！卒不忍独善其身。嗟夫！巾短情长，所未尽者，尚有万千，汝可以摹拟得之。吾今不能见汝矣！汝不能舍吾，其时时于梦中得我乎！一恸！辛未三月廿六夜四鼓，意洞手书。

和鸣老师：

最后一段的自白，多处使用了"然""又""而"等转折词，是先行者侠骨柔肠百转千回的真情流露。请你找出它们并朗读这一段，尝试说说它们所传达的复杂情感。

读者留言：

这盛世，如你所愿

【见微知著】

《与妻书》是烈士林觉民参加广州起义之前写给妻子的绝笔信。林觉民将缠绵细腻的爱妻之情和矢志救国的爱国之义交织于信中，将一己之爱扩展到对普天下人之爱，把夫妻恩爱、家庭幸福和国家富强、人民命运联系在一起，打动了千千万万的心灵。

【叩门引路】 李大钊的《艰难的国运与雄健的国民》写作于1923年，当时的中国社会黑暗到了极点，中华民族真的"走到艰难险阻的境界"。在"艰难的国运"面前，李大钊的大声疾呼似一道闪电，给迷茫的国人带来光明和希望。这是怎样的一束光呢？

艰难的国运与雄健的国民

近现代 李大钊

历史的道路，不全是坦平的，有时走到艰难险阻的境界。这是全靠雄健的精神才能冲过去的。

一条浩浩荡荡的长江大河，有时流到很宽阔的境界，平原无际，一泻万里。有时流到很逼狭的境界，两岸丛山叠岭，绝壁断崖，江河流于其间，曲折回环，极其险峻。民族生命的进展，其经历亦复如是。

自强： 这里突然插入了景物描写。

和鸣老师：
这段话运用了比喻的修辞手法，将"民族生命的进展"喻作"长江大河的奔流"。从表现手法看"长江大河的奔流"又象征着"民族生命的进展"。

人类在历史上的生活，正如旅行一样。旅途上的征人所经过的地方，有时是坦荡平原，有时是崎岖险路。老于旅途的人，走到平坦的地方，固是高高兴兴地向前走，走到崎岖的境界，愈是奇趣横生，觉得在此奇绝壮绝的境界，愈能感得一种冒险的美趣。

中华民族现在所逢的史路，是一段崎岖险阻的道路。在这一段道路上，实在亦有一种奇绝壮绝的景致，使我们经过此段道路的人，感得一种壮美的趣味。但这种壮美的趣味，是非有雄健的精神的，不能够感觉到的。

> **自强：**"壮美"和"趣味"怎么能搭配呢？

> **和鸣老师：**
> 在崎岖险阻的道路上，也有奇绝壮绝的景致！所以"趣味"可以是"壮美"的，而这种感受需要"雄健"的精神底色。这是一种"明知山有虎，偏向虎山行"的精神。这段文字写出了李大钊对中华民族的未来抱有积极乐观的态度。

我们的扬子江、黄河，可以代表我们的民族精神，扬子江及黄河遇见沙漠、遇见山峡都是浩浩荡荡的往前流过去，以成其浊流滚滚，一泻万里的魄势。目前的艰难境界，哪能阻抑我们民族生命的前进。我们应该拿出雄健的精神，高唱着进行的曲调，在这悲壮歌声中，走过这崎岖险阻的道路。要知在艰难的国运中建造国家，亦是人生最有趣味的事……

（1923年12月20日《新民国》第1卷第2号）

【见微知著】

在这种"艰难的国运"面前,是悲观失望还是正视现实,并且打起雄健的精神冲过去?李大钊的这篇文章给出了答案。他告诉我们,不要被困难吓倒,面对困难,要心存希望。在重要的历史关头,在艰难曲折的道路上,我们更要振奋起雄健的精神,树立起冲破险阻的必胜信心。全文流露出作者的革命乐观主义情怀,能够鼓励更多的人投身于救国救民的革命事业中,以必胜的信念,雄健的气魄与困难作斗争。

追逐梦想的脚步

【叩门引路】

1937年7月，日本悍然发动全面侵华战争，战火迅速蔓延，中国被迫展开全国性抗战。山河破碎，局势岌岌可危。同年10月，身处时代洪流之中的年轻诗人穆旦，以护校队成员的身份，随清华大学踏上南迁之路，前往长沙。1938年2月到4月，他与长沙临时大学二百多名师生一起，为了保存文化火种，毅然决然地开启了一场徒步前往昆明的艰难征程。全程一千多公里，历时六十八天，跨越湘、黔、滇三省。这一路，他们目睹了战争的疮痍，感受到了百姓的流离失所，也深切体会到中华民族正遭受的灾难、耻辱与悲哀。1941年12月穆旦写下《赞美》。民族危亡、山河破碎，他赞美的是什么呢？

这盛世，如你所愿

赞美

现当代 穆旦

走不尽的山峦的起伏，河流和草原，
数不尽的密密的村庄，鸡鸣和狗吠，
接连在原是荒凉的亚洲的土地上，
在野草的茫茫中呼啸着干燥的风，
在低压的暗云下唱着单调的东流的水，
在忧郁的森林里有无数埋藏的年代。

和鸣老师：

诗人使用了大量具有负面情绪的词语来修饰风、水、森林。你们从中感受到了诗人怎样的情感？

读者留言：

追逐梦想的脚步

它们静静的和我拥抱：
说不尽的故事是说不尽的灾难，沉默的
是爱情，是在天空飞翔的鹰群，
是干枯的眼睛期待着泉涌的热泪，
当不移的灰色的行列在遥远的天际爬行；
我有太多的话语，太悠久的感情，
我要以荒凉的沙漠，坎坷的小路，骡子车，
我要以槽子船，漫山的野花，阴雨的天气，
我要以一切拥抱你，你
我到处看见的人民呵，
在耻辱里生活的人民，佝偻的人民，
我要以带血的手和你们一一拥抱，
因为一个民族已经起来。
一个农夫，他粗糙的身躯移动在田野中，
他是一个女人的孩子，许多孩子的父亲，
多少朝代在他的身边升起又降落了
而把希望和失望压在他身上，

而他永远无言地跟在犁后旋转，
翻起同样的泥土溶解过他祖先的，
是同样的受难的形象凝固在路旁。
在大路上多少次愉快的歌声流过去了，
多少次跟来的是临到他的忧患，
在大路上人们演说，叫嚣，欢快，
然而他没有，他只放下了古代的锄头，
再一次相信名词，溶进了大众的爱，
坚定地，他看着自己溶进死亡里，
而这样的路是无限的悠长的
而他是不能够流泪的，
他没有流泪，因为一个民族已经起来。

> **和鸣老师：**
> 诗中大量使用了"走不尽""数不尽""说不尽""太多""太悠久""一切""许多""多少次""无限的"等词语。这些词语通常表示数量很多，但在不同的地方表达的感情色彩不同，我们在阅读时仔细品味。

在群山的包围里，在蔚蓝的天空下，
在春天和秋天经过他家园的时候，
在幽深的谷里隐着最含蓄的悲哀：
一个老妇期待着孩子，许多孩子期待着
饥饿，而又在饥饿里忍耐，
在路旁仍是那聚集着黑暗的茅屋，
一样的是不可知的恐惧，一样的是
大自然中那侵蚀着生活的泥土，
而他走了从不回头诅咒。

这盛世，如你所愿

为了他我要拥抱每一个人，

为了他我失去了拥抱的安慰，

因为他，我们是不能给以幸福的，

痛哭吧，让我们在他的身上痛哭吧，

因为一个民族已经起来。

自强：诗中的"一个农夫"象征着众多投身抗战的普通民众。

和鸣老师：

诗人袁可嘉称这首诗是"带血的赞歌"，我们如何理解这里的"带血的"。

一样的是这悠久的年代的风，

一样的是从这倾圮的屋檐下散开的

无尽的呻吟和寒冷，

它歌唱在一片枯槁的树顶上，

它吹过了荒芜的沼泽，芦苇和虫鸣，

一样的是这飞过的乌鸦的声音

和鸣老师：

诗中多次出现以"一样的"开头的句式，用铺排的手法渲染出大地的荒凉、人民的苦难，让我们看到中华民族遭受践踏、人民生活在水深火热中，这样漫长的屈辱历史。

当我走过，站在路上踟蹰，

我踟蹰着为了多年耻辱的历史

仍在这广大的山河中等待，

等待着,我们无言的痛苦是太多了,
然而一个民族已经起来,
然而一个民族已经起来。

一九四一年十二月

和鸣老师: 全诗为何要反复提到"一个民族已经起来"?

自强:
这是反复咏叹的修辞手法,可以使诗文在情感上起伏回环,在格式上整齐有序。

海瀚:
我觉得反复地咏叹"一个民族已经起来",实际上是回应主题——赞美。赞美中国人民的斗争精神,赞美中华民族的顽强生命力,重章叠唱,振聋发聩!诗歌最后两句把"因为"变为"然而",用连续的转折奏响了全诗的最强音!

这盛世,如你所愿

【邀你读书】

　　穆旦是九叶诗派的重要代表诗人之一,《九叶集》则是九叶诗派的代表性诗集。《九叶集》是包括穆旦、辛迪、陈敬容、杜运燮、杭约赫、郑敏、唐祈、唐湜(shí)、袁可嘉九位诗人在内的诗歌合集。这些诗人吸收了中国古典诗歌的优良传统,借鉴了西方现代诗歌的表现手法,对中国新诗创作进行了深入的探索。这部作品中的诗歌均创作于 20 世纪 40 年代。诗人们关心着国家的命运和人民的疾苦,这些诗歌既正视现实生活,又忠实于个人感受,抒写了在血与火的特殊时期,人们的伤痛和对光明的渴望。这九位诗人有共同的诗歌主张,也有各自的鲜明个性和艺术风格。他们的诗艺探索和诗歌创作,为中国新诗发展作出了重大贡献。

【见微知著】

《赞美》用苍凉沉郁的笔调描写了一片灾难深重的土地,刻画了生活在这片土地上的饱经苦难的农夫形象。这个农夫及其家庭,象征着投身于抗日洪流中的千千万万个普通民众和千千万万个家庭。正因为他们以自我牺牲为代价的"带血的"抗争,让一个民族站了起来。穆旦通过这首诗,抒发了对这些平凡而伟大的抗争者的由衷赞美,以及对民族崛起的强烈渴望与坚定信念。这份信念,穿越了历史的硝烟,至今仍在激励着我们铭记先辈的奋斗,砥砺前行!

【大河论坛】

只有深入了解曾经的苦难,才能更珍惜现在的幸福生活,在和平年代,我们最不能忘记的是那些为了民族的独立和解放、国家的繁荣和富强抛头颅、洒热血的革命先辈和人民英雄。读完李大钊、穆旦等人的作品,你有怎样的理解与感悟?

互动留言区:

星瑶:
面对困难和挑战时,一个人的力量是有限的,但当大家齐心协力、团结一致时,就能够产生强大的合力。三元里民众的齐心协力表明了团结的重要性,提醒我们要摒弃个人的私心杂念,积极与他人合作,汇聚力量,共同推动社会发展。

自强:
个人的利益与集体利益往往是一致的。在追求共同的理想和目标的道路上,有时需要放弃个人的私利,甚至付出自己的生命。林觉民这种无私奉献的精神是我们应该学习和践行的,它提醒我们要牢记大局,关心国家,为国家的强大而努力奋斗。

皓鹏:
每个个体都是社会进步的推动者,时代发展既需先锋引领,更依赖平凡人的持续接力。历史长河中,仁人志士以行动诠释变革始于个体觉醒。他们的言行感召我们:以理想为帆,以奋斗为桨,在时代长河书属于自己的担当。

我说:

这盛世,如你所愿

【一叶知春】

各出所学,各尽所知,使国家富强不受外侮,足以自立于地球之上。

——詹天佑

欲讲富强以刷国耻,则莫要于储才。

——谭嗣同

人既尽其才,则百事俱举;百事举矣,则富强不足谋也。

——孙中山

惟有民魂是值得宝贵的,惟有他发扬起来,中国才有真进步。

——鲁迅《学界的三魂》

共赴春天的约会

为有牺牲多壮志,敢教日月换新天。

——毛泽东《七律·到韶山》

尧年：1949年，第一面五星红旗在天安门迎面升起，"中华人民共和国正式成立！" 70多年后的今天，在一代代中国伟人的共同领导下，我们的国家走在了正确的发展道路上，实现了国家富强的奋斗目标。

和鸣老师：国家的强盛离不开革命先烈的奋斗，振兴中华更是我辈的责任。生逢盛世，同学们觉得国家的繁荣富强有哪些具体表现呢？

浩宇：我国陆海空天各种装备、无人作战装备、信息化作战装备等得到全面发展，军事实力已经从"站起来"到"强起来"。

展鹏：在航天员刷新太空驻留时间纪录的同时，我国海洋探测的深度纪录也再次被刷新，"上九天揽月，下五洋捉鳖"已成现实。

时乐：1978年我国的GDP（国内生产总值）为3679亿元，而到2022年已经增长到了1204724亿元，我国已于2010年成为世界第二大经济体，这些都表明中国的经济增长非常迅速。

这盛世，如你所愿

星瑶：2020年，我国国内生产总值突破100万亿元大关，占世界经济的比重预计达到17.4%。2021年，我国脱贫攻坚战取得全面胜利，困扰中华民族几千年的绝对贫困问题得到历史性解决。

雅奏：听说我们的高铁技术已经走向世界了，很多国家都在向我们学习。不仅如此，我们在互联网、人工智能等领域也取得了很大的突破，这些技术的应用将会改变整个世界的格局。

皓鹏：是啊，这些年我们国家发展非常迅速，特别是在部分科技领域，我们已经跻身全球领先行列。

尧年："阳和启蛰，品物皆春。"今天的中华民族向世界展现的是一派欣欣向荣的气象，生逢其时，躬逢其盛，自当不负盛世，踔厉奋发，笃行不怠，以青春之姿，在实现中华民族伟大复兴中国梦的征途上唱响青春赞歌！下面让我们一起走进经典，共赴这场春天的约会……

【叩门引路】 "生活不止诗和远方,还有家乡的烟火气",行走万里,方知家乡最美;看尽繁华,才知简单最真,人生无常,心安便是归处!对故乡的记忆还未消磨,我们已奋力为其铸就崭新未来。日出日落间,家乡的面貌与色彩在悄然变迁。

在庄里镇吃水盆

当代 张晓东

庄里镇是我的家乡,她地处关中平原,背靠梁山,面依漆水,是富饶了千年的风水宝地。打我记事时起,镇上就有一道美食,让我流连忘返、魂牵梦绕了半个世纪,它就是水盆。

水盆又叫水盆羊肉,也叫羊肉泡馍。但它和长安城里的泡馍是有区别的,庄里镇人认为长安城人没文化,明明是煮馍非要叫成泡馍!庄里的水盆是一碗清汤,白里透着淡黄,成片的羊肉沉在汤底,骨髓油暗自涌动,碧绿的香菜浮在表面,袅袅香气萦绕。一般一碗汤配两个烧饼。富平的烧饼也极有特点,它在揉馍的时候会加入茴香和花椒,再抹点盐和菜油。先在平锅上烙,再放入炉膛里烤。出炉时焦黄透亮,两面鼓起来,中间是空的,只有两张脆皮。庄里人吃水盆,一只烧饼用来夹肉,一只用来泡在汤里。他们将筷子叉开,从烧饼的边缘插进去,上下一晃,烧饼的两张脆皮像蛤蟆嘴一样张开,一团白气裹着奇异的香味扑进鼻子里,很多食客还没吃肉先被烧饼的香气醉倒,两腮内一汪水早已溢满了舌根。馍刻开后,先将油泼辣子抹匀,再将碗底的肉捞出来放在馍里铺平,然后用筷子蘸点盐撒在肉上。此时将馍合上,放下筷子，右手捏起一颗蒜来，不用剥皮，只用门牙在蒜蒂上轻轻一嗑，牙朝皮里一伸，半颗蒜已进了嘴里，而蒜皮像开裂的花瓣张在空中。然后张大嘴咬一口馍，肉汁伴着红油扑哧一声流出来，顺着手指和手背淌着。下来再将泡的烧饼捞净，一碗鲜汤将缝缝一灌，就碗底朝天了。

自强： 水盆羊肉真是让人垂涎三尺！

和鸣老师：
汤白里透着的淡黄，香菜的碧绿，烧饼的焦黄，这些都是从色彩角度来展现水盆的诱人。

时乐：
"刻""抹""捞""蘸""捏""嗑"等动词，生动传神地写出了吃水盆的情状，让人身临其境。

和鸣老师：
给你点赞！这段描写中作者还运用了一些修辞手法，你能找一找吗？

　　小时候吃水盆只能在镇供销社的食堂里，庄里镇人称它为"二店"，因为还有一个叫"大店"的地方。它在城墙东门外的护城河边上，那其实是一个车马店。外来的人赶不上进城的时间，会将车马停在"大店"里，顺便住宿，等第二天城门开了向西步行五百米就能在"二店"里吃水盆了。

　　二店很大，是土木砖瓦结构的安间大房。饭厅有几间教室大，摆放着十数张实木的大方桌，屋顶有两排淡绿色的吊扇。操作间和饭厅一样大，张着三个洞开的窗口和饭厅相连，以至于食客们可以对操作间的活动一目了然。庄里的水盆讲究天不亮就去吃，越早越好。因为大家都觉得头锅汤纯，去得晚了，汤里会对水的。所以庄里镇人一般不是鸡叫醒的，而是被羊肉汤熏醒的。但那时候的水盆并不是谁都能吃得起的，一般是家里有了什么重大活动，才会去吃一次水盆。比如要建房子或者家里来了重要的亲朋。那时候人们吃水盆都很低调，走进二店也都低头缩首，说话也悄达么息的，像是去干一件坏事。尤其是公家人或者没有摘帽子的"地富反坏右"们。屋顶的吊扇旋转着，大家都背对了大门，专注地看着自己的碗，干枯的蒜皮像羽毛一样飞舞，落在他们的脖子上、膝盖上或者鞋面上，他们也不用手掸去，只等下一阵风将它们吹走。而在二店里吃饭唯一声大的是东关的一位五保户老汉，他几乎天天吃水盆。来的时候腋下夹一只白洋布口袋，里面装两只黑蒸馍，偶尔会是两片锅盔。他走进门，先在桌台上摸一只粗瓷的大老碗，走到取饭的窗口，将碗底在窗台上重重地一蹾，然后用那破锣嗓子喊："来福，舀一碗汤，搭点明油。"叫来福的人是二店的领导，也是掌勺的师傅。只见他憨厚地一笑，赶快将碗拿进去，给老头盛出一碗浓汤来，上面漂满了明油。所谓明油，类似羊脂一样的东西，虽然不是肉，但也能嚼两下的。在长安城里，大家称它为脂花。五保户老汉能有这样的待遇，因为

> **时乐：** 五保户老汉为什么能有这样的待遇？

> **和鸣老师：**
> "五保户"指的是享受"五保供养的人"。"五保供养"是中国农村实行的一种社会救助制度。即对老年、残疾或者未满16周岁的村民，无劳动能力、无生活来源又无法定赡养、抚养、扶养义务人，或者其法定赡养、抚养、扶养义务人无赡养、抚养、扶养能力的，在吃、穿、住、医、葬方面给予的生活照顾和物质帮助。

在庄里镇吃水盆，光喝汤是不要钱的。

到了二十世纪八十年代，二店挪了地方，盖了三层楼房，很是气派。那时搞改革开放，老百姓的观念变了，就是一门心思挣钱。来福改叫经理，他是我们地区商业系统唯一获得全国劳动模范的人，去北京领过奖，回来的时候镇上敲锣打鼓地迎接，煞是风光。他十二岁就给二店里放羊，跟师傅虚心学艺，逐渐成了庄里镇水盆羊肉的一代宗师。他长相气派，身材魁梧，声音洪亮，为人善良。后来全国发展基金会，供销社也搞了一个，调他去当主任，从此就不卖水盆了。后来基金会又烂了，发生了挤兑，来福眼看不能给储户兑现，心里过意不去，竟悄悄地在家上吊了。听后让人唏嘘不已，真是时势毁英雄啊！

> **尧年：** 二店挪了地方，变得更加气派了！

> **和鸣老师：**
> 请你找一找二店前后变化了几次。为什么有这样的变化呢？

> **尧年：**
> 两次，二店从安间大房变楼房离不开改革开放政策的实行，经济发展了，人民富裕了！

好在来福倒是传承了几个弟子，以至于我们现在还能吃上地道的水盆。二店变成了庄里餐厅，地方更大了，吃水盆的人络绎不绝。大家也不像过去那样低调了，都开始嘈杂起来。开票的时候服务员问要"单走"还是"双合"？点"双合"的人声音就很大，弄得满餐厅人都能听见，而且他还要特别大声嘱咐"不要明油哦"，然后满场子卖眼,看看吸引了多少目光。其实"双合"就是优质的,两份肉而已。

> **和鸣老师:**
> 前文说"那时候人们吃水盆都很低调",这里说"大家也不像过去那样低调了",前后为什么会有这样的变化?

> **展鹏:**
> 曾经的水盆并不是谁都能吃得起的,一般是家里有了什么重大活动,才会去吃一次水盆。改革开放以后,庄里人吃水盆成了家常便饭,这反映了人们生活普遍富裕起来。吃水盆的前后场景形成了鲜明的对比,也反映了物质生活条件的富足对人们精神面貌的积极影响。

　　历史走到了有钱光荣的时代,庄里人吃水盆从过去的打牙祭变成了家常便饭。有时候是全家上,吃完饭一家人一大排溜达在街上,掏钱的人必定披了上衣,手里擎一根牙签如撬杠一般在嘴里捣鼓,一边迈着方步张望,等待着熟悉的人们和他打招呼。有次回家和母亲闲聊,母亲说:"人家那谁日子过得好!"我问为啥?母亲说:"人家天天领着他妈在北头吃水盆哩!"吓得我以后只要回家,一定会强领着母亲去吃水盆,以显示她儿子日子过得也不赖。

　　时代在变迁,而庄里水盆依旧美味。后来我走遍了祖国的大江南北,到哪里都会搜寻类似水盆的美食,吃来吃去,还是庄里镇的水盆最美!

【见微知著】 自改革开放以来,人们的生活发生了翻天覆地的变化。过去的庄里人想不到有朝一日,吃水盆能从打牙祭变成了家常便饭,敞亮宽大的"二店"变成了庄里餐厅。我们在感叹家乡变化的同时,也为祖国的发展而自豪。从衣食住行中可以看到,人民的生活真的富裕了,我们的国家真的富强了。

【叩门引路】迎春花市是广府地区春节前夕规模最宏大的传统民俗项目之一,又称年宵花市,是极具岭南特色的民俗景观,年宵花市的盛况是怎样的呢?让我们跟随当代散文大家秦牧的脚步,去感受花市的美,去探寻美丽背后的时代变化……

花城

当代 秦牧

一年一度的广州年宵花市,素来脍炙人口。这些年常常有人从北方不远千里而来,瞧一瞧南国花市的盛况。还常常可以见到好些国际友人,也陶醉在这东方的节日情调中,和中国朋友一起选购着鲜花。往年的花市已经够盛大了,今年这个花海又涌起了一个新的高潮。因为农村人民公社化以后,花木的生产增加了,今年春节又是城市人民公社化之后的第一个春节,广州去年有累万的家庭妇女和街坊居民投入了生产和其他的劳动队伍。加上今年党和政府进一步安排群众的节日生活,花木供应空前多了,买花的人也空前多了,除原来的几个年宵花市之外,又开辟了新的花市。如果把几个花市的长度累加起来,"十里花街"恐怕是名不虚传了。在花市开始以前,站在珠江岸上眺望那条浩浩荡荡、作为全省三十六条内河航道枢纽的珠江,但见在各式各样的楼船汽轮当中,还划行着一艘艘载满鲜花盆栽的木船,它们来自顺德、高要、清远、四会等县,载来了南国初春的气息和农民群众的心意。"多好多美的花!""今年花的品种可多啦!"江岸上的人们不禁啧啧称赏。广州有个文化公园，园里今年也布置了一个大规模的"迎春会"，花匠们用鲜艳的盆花堆砌出"江山如此多娇"的大花字，除了各种色彩缤纷的名花瓜果外，还陈列着一株花朵灼灼、树冠直径达一丈许的大桃树。这一切，都显示出今年广州的花市是不平常的。

人们常常有这么一种体验：碰到热闹和奇特的场面，心里面就像被一根鹅羽撩拨着似的，有一种痒痒麻麻的感觉。总想把自己所看到和感受的一切形容出来。对于广州的年宵花市，我就常常有这样的冲动。虽然过去我已经描述过它们了，但是今年，倘佯在这个特别巨大的花海中，我又涌起这样的欲望了。

> **和鸣老师：**
> 咦！下一段不应该接着前文写花市盛况吗？作者却把笔锋转向对"农历过年的各种风习"的谈论上，看上去似乎脱离写花市的内容了，这是为什么呢？继续读下去，看看能不能找到原因。

农历过年的各种风习，是我们民族在几千年的历史中形成的。我们现在有些过年风俗，一直可以追溯到一两千年前的史迹中去。这一切，是和许多的历史故事、民间传说、巧匠绝技和群众的美学观念密切联系起来的。在中国的年节中，有的是要踏青的，有的是要划船的，有的是要赶会的……这和外国的什么点灯节、泼水节一样，都各各有它们的生活意义和诗情画意。过年的时候，我们各地的花样一向都很多：贴春联、挂年画、耍狮子、玩龙灯、跑旱船、放花炮……人人穿上整洁衣服，头面一新，男人都理了发，妇女都修整了辫髻，大姑娘还扎上了花饰。那"糖瓜祭灶，新年来到，姑娘要花，小子要炮，老头儿要一顶新毡帽"

> **时乐：**
> 用北方俗谚来描绘，不仅生动形象，而且显示了北方民族特色，真有趣！

的北方俗谚，多少描述了这种气氛。这难道只是欢乐欢乐，玩儿玩儿而已么？难道我们从这隆重的节日情调中不还可以领略到我们民族文化的源远流长，和千百年来人们热烈向往美好未来的心境么？在旧时代苦难的日子里，自然劳动人民不是都能欢乐地过年，但是贫苦的农户，也要设法购张年画，贴对门联；年轻的闺女也总是要在辫梢扎朵绒花，在窗棂上贴张大红剪纸，这就更足以想见无论在怎样困苦中，人们对于幸福生活的强烈的憧憬。在新的时代，农历过年中那种深刻体现旧社会烙印的习俗被革除了，赌博、酗酒，向舞龙灯的人投掷燃烧的爆竹，千奇百怪的禁忌，这一类的事情没有了，那些耍猴子的凤阳人、跑江湖扎纸花的天门人，那些摇着串上铜钱的冬青树枝的乞丐，以及号称从五台山峨嵋山下来化缘的行脚僧人不见了。而一些美好的习俗被发扬光大起来，一些古老的风习被赋予了崭新的内容。现在我们也燃放爆竹，但是谁想到那和"驱傩"之类的迷信有什么牵联呢！现在我们也贴春联，但是有谁想到"岁月逢春花遍地，人民有党劲冲天""跃马横刀，万众一心驱穷白；飞花点翠，六亿双手绣山河"之类的春联，和古代的用桃木符避邪有什么可以相提并论之处呢！古老的节日在新时代里是充满青春的光辉了。

> **时乐：**
> 作者之所以要花笔墨写"农历过年的各种风习"，正是为了从新旧对比中显示现在过年的风习"充满青春的光辉"。

这正是我们热爱那些古老而又新鲜的年节风习的原因。"风生白下千林暗，雾塞苍天百卉殚"的日子过去了，大地的花卉越种越美，人们怎能不热爱这个风光旖旎的南国花市，怎能不从这个盛大的花市享受着生活的温馨呢！

而南方的人们也真会安排，他们选择年宵逛花市这个节目作为过年生活里的一个高潮。太阳的热力是厉害的，在南方最热的海南岛上，有一些像菠萝蜜之类的果树，根部也可以伸出地面结出果子来；有一些树木，锯断了用来做木桩，插在地里却又能长出嫩芽。在这样的地带，就正像昔人咏月季花的诗所说的："花谢花开无日了，春来春去不相关。"早在春节到来之前一个月，你在郊外已经可以到处见到树上挂着一串串鲜艳的花朵了。而在年宵花市中，经过花农和园艺师们的努力，更是人工夺了天工，四时的花卉，除了夏天的荷花石榴等不能见到外，其他各种各样的花几乎都出现了。牡丹、吊钟、水仙、大丽、梅花、菊花、山茶、墨兰……春秋冬三季的鲜花都挤在一起！

广州今年最大的花市设在太平路，就是历史上著名的"十三行"一带，花棚有点像马戏的看棚，一层一层衔接而上。那里各个公社、园艺场、植物园的旗帜飘扬，卖花的汉子们笑着高声报价。灯色花光，一片锦绣。我约略计算了一下花的种类，今年总在一百种上下。望着那一片花海，端详着散发着香气、轻轻颤动和舒展着叶芽和花瓣的植物中的珍品，你会禁不住赞叹，人们选择和布置这么一个场面来作为迎春的高潮，真是匠心独运！那千千万万朵笑脸迎人的鲜花，仿佛正在用清脆细碎的声音在浅笑低语："春来了！春来了！"买了花的人把花树举在头上，把盆花托在肩上，那人流仿佛又变成了一道奇特的花流。南国的人们也真懂得欣赏这些春天的使者。大伙不但欣赏花朵，还欣赏绿叶和鲜果。那像繁星似的金橘、四季橘、吉庆果之类的盆果，更是人们所欢迎的。但在这个特殊的、春节黎明即散的市集中，又仿佛一切事物都和花发生了联系。鱼

> **和鸣老师：**
> "春来了"，何尝不是对时代春天来临的呼唤和赞美呢？

摊上的金鱼，使人想起了水中的鲜花；海产摊上的贝壳和珊瑚，使人想起了海中的鲜花；至于古玩架上那些宝蓝均红、天青粉彩之类的瓷器和历代书画，又使人想起古代人们的巧手塑造出来的另一种永不凋谢的花朵了。

广州的花市上，吊钟、桃花、牡丹、水仙等是特别吸引人的花卉。尤其是这南方特有的吊钟，我觉得应该着重地提它一笔。这是一种先开花后发叶的多年生灌木。花蕾未开时被鳞状的厚壳包裹着，开花时鳞苞里就吊下了一个个粉红色的小钟状的花朵。通常一个鳞苞里有七八朵，也有个别多到十二朵的。听朝鲜的贵宾说，这种花在朝鲜也被认为珍品。牡丹被人誉为花王，但南国花市上的牡丹大抵光秃秃不见叶子，真是"卧丛无力含醉妆"。唯独这吊钟显示着异常旺盛的生命力，插在花瓶里不仅能够开花，还能够发叶。这些小钟儿状的花朵，一簇簇迎风摇曳，使人就像听到了大地回春的铃铃铃的钟声。

> **星瑶：**
> "花朵使人就像听到了钟声"这句话，作者把视觉与听觉、虚与实结合在一起，给人以心理上与艺术上的享受。

花市盘桓，令人撩起一种对自己民族生活的深厚情感。我们和这一切古老而又青春的东西异常水乳交融。就正像北京人逛厂甸、上海人逛城隍庙、苏州人逛玄妙观所获得的那种特别亲切的感受一样。看着繁花锦绣，赏着姹紫嫣红，想起这种一日之间广州忽然变成了一座"花城"，几乎全城的人都出来深夜赏花的情景，真是感到美妙。

在旧时代绵长的历史中，能够买花的只是少数的人，现在一个纺织女工从花市举一株桃花回家，一个钢铁工人买一盆金橘托在肩上，已经是很平常的事情了。听着卖花和买花的劳动者互相探询春讯，笑语声喧，令人深深体味到，亿万人的欢乐才是大地上真正的欢乐。

在这个花市里，也使人想到人类改造自然威力的巨大，牡丹本来是太行山的一种荒山小树，水仙本来是我国东南沼泽地带的一种野生植物，经过许多代人们的加工培养，竟使得它们变成了"国色天香"和"凌波仙子"！在野生状态时，菊花只能开着铜钱似的小花，鸡冠花更像是狗尾草似的，但是经过花农的悉心培养，人工的世代选择，它们竟变成这样丰腴艳丽了。"天工人可代，人工天不如。"生活的真理不正是这样么！

在这个花市里，你也不禁会想到各地的劳动人民共同创造历史文明的丰功伟绩。这里有来自福建的水仙，来自山东的牡丹，来自全国各省各地的名花异卉，还有本源出自印度的大丽，出自法国的猩红玫瑰，出自马来亚的含笑，出自撒哈拉沙漠地区的许多仙人掌科植物。各方的溪涧汇成了河流，各地劳动人民的创造汇成了灿烂的文明，在这个熙熙攘攘的市集中不也让人充分感受到这一点么！

你在这里也不能不惊叹群众审美的眼力。人们爱单托的水仙胜过双托的水仙，爱复瓣的桃花又胜过单瓣的桃花。为什么？因为单托水仙才显得更加清雅，复瓣红桃才显得更加艳丽。人们爱这种和谐的美！一盆花果，群众大抵能够一致指出它们的优点和缺点。在这种品评中，我们不也可以领略到好些美学的道理么！

和鸣老师： 欣赏到这里，你从作者对花市的描写中，领略到哪些美呢？

自强： 花市荟萃了传统与现代的美。

> **海瀚：** 物质与精神的美，自然与人工巧妙结合的美。

> **时乐：** 民族与世界融合的美。

  总之，倘佯在这个花海中，常常使你思索起来，感受到许多寻常的道理中新鲜的涵义。十一年来我养成了一个癖好，年年都要到花市去挤一挤，这正是其中的一个理由了。

  我们赞美英勇的斗争和艰苦的劳动，也赞美由此而获得的幸福生活。因此，花市归来，像喝酒微醉似的，我拉拉扯扯写下这么一些话。让远地的人们也来分享我们的欢乐。

1961年2月于广州

（选自《秦牧散文》）

【见微知著】 《花城》通过对广州年宵花市的盛况以及由此而引起的种种联想的描述，热情地歌颂了新时代人民在生活上所发生的喜人变化：日子逐渐变得富裕，可以随心去买花；审美能力不断进步，可以培育各个品种的花……赞美了祖国的繁荣变化，也给我们以启示——实现国家富强、人民幸福离不开劳动人民的英勇斗争和艰苦劳动。

【叩门引路】 四通八达，交通便利，是经济发展的体现，现在的你只要几个小时就可以到达祖国的各个地方，饱览山川美景。时光倒退到叶圣陶老先生生活的年代，交通状况是什么样子的呢？让我们从他的《略谈新中国的交通》了解一二吧。

略谈新中国的交通

现当代 叶圣陶

中华人民共和国成立以来，十五年间，各方面的改变和进步，一天两天也谈不完。现在只有十来分钟的时间，我只能挑一个方面来谈谈。我准备谈交通方面。交通方面还是个大题目，只能缩小范围，谈谈我亲身的经历。

> **时乐：**
> 第一自然段，作者基于自己的亲身经历来谈交通的改变和进步，用意是什么呢？

抗战期间，我在成都住了四年，为了接洽事务，看望朋友，每年总要去重庆一两趟，来回乘公路车，照规定，单程是两天，中途在内江歇夜。可是准两天到达的次数并不多。公路车好像全害着或轻或重的病，一会儿病发了就抛锚。抛了锚，什么时候修好是没有准儿的，这就延误了时间。单程走三天，还算是幸运，有一趟从重庆回成都，足足走了六天。一路上看见成渝铁路的路基躺在那里，河道上矗起高矮不齐的桥墩，心里总要想："盼了好多年的成渝铁路还是这个样儿！什么时候路基上铺上铁轨，河道上架起桥，就不受这个罪了！"现在成渝铁路早已修成，一九六一年五月间，一天晚上我在成都上车，一觉睡醒，就到了重庆。回忆当年的困顿情形，今昔一对比，心里的欢喜简直没法形容。

> **自强：**
> 用人在"窘"途的困顿漫长与一觉睡醒就到目的地的轻松相对比，交通的发展不言自明，叶老写得自然又别具匠心！

说起成渝铁路，自然联想到宝成铁路。宝成铁路翻过秦岭的一段，工程最艰巨。线路在重山叠嶂之间回环盘曲，一会儿钻进隧道，一会儿钻出隧道，我也没数清隧道有多少。到最高的处所一看，刚才经过的线路和隧道全都陷在底下，不知道有几千丈深，自己虽然是坐在车厢里上来的，仿佛也感到相当吃力。想到规划这段线路的人，想到修筑这段线路的人，他们的智慧和魄力多么值得感佩啊！还有一点必须说的，这段线路，就是从宝鸡到凤州的一段，改为电气化有好几年了。电气机车力量大，拖着列车翻过秦岭，好像挺轻松的。

> **和鸣老师：**
> 请从修辞手法的角度赏析"电气机车力量大，拖着列车翻过秦岭，好像挺轻松的"这句话表达的效果。找一找后文是否还有类似的表达。

一九五三年秋天，我从西安到兰州。以前陇海线只到天水，宝鸡到天水一段叫宝天铁路，那是一条烂铁路。路基狭窄，路两旁山壁笔直，线路弯曲的处所半径极小，隧道大多没有加工衬砌，很多该修涵洞的地方没有修，修了涵洞的，直径又太小，不能通畅地排泄流水。总而言之，工程异乎寻常地草率。工程草率，铁路就不管用，土石时常崩塌，路基时常给流水冲毁，当时虽说通了车，实际上通车的日子很少。大陆解放的第二年，就是一九五零年，咱们就改善这条铁路，以前工程上的种种缺点全给改正，同时新修天水到兰州的铁路。不到两年半工夫，工程全部完成，从西安就可以直通兰州了。我到兰州，就在工程全部完成的下一年。在车上听人说，修这条线路，解放军的军工和几个民族的民工，大约有十万人付出了劳力。看全线的工程真不容易，可是修得那么好又那么快，我永远忘不了这十万人的功绩。

兰州往西北，兰新铁路通到乌鲁木齐。兰州往东北，包兰铁路通到包头。这两条路我还没走过。我只从北京乘车到呼和浩特又到包头，虽然行程并不长，已经深切地体会到横穿我国北部的铁路线的伟大意义了。这样的铁路线好比人身上的大动脉，大动脉畅通，供血量充足，身体自然会越来越壮健。

我又曾经到内蒙古东部的三个盟，呼伦贝尔盟，哲里木盟，昭乌达盟。还进入大兴安岭林区。车窗外只见老林幼林，浓绿嫩绿，中间点缀着白桦树笔挺的银色树干，一点也不假，真是个"林海"。下了火车又登上林业局的小火车，在密林中间穿行，直到未经开发的原始森林。往外开的火车和小火车，一列一列的，满满地装着木材，叫人看着就兴奋。

至于东南地区，我必得说，现在福建省有了铁路，真是极大的方便。四十年前，我从福州回上海，遇到天气不好，风浪大，一上轮船就躺在铺上，糊里糊涂过了几天，什么东西也没吃，直到轮船进了黄浦口才坐起来。当时我想，再也不敢到福州了。去年我从上海到鹰潭，转鹰厦铁路又转南福铁路，不满二十九个钟头就到达福州。在四十年前，哪能料到会有这样又迅速又安适的旅程呢？从福州坐公路车往南，经过莆田泉州到达厦门，回程走了鹰厦铁路全线。鹰厦铁路大体上是南北走向，在南平的莱州往东伸出一线，大体上是东西走向，就是南福铁路。再加上支线和公路线，福建全省就贯通一气了。

还有武汉的长江大桥必得说一说。我曾经坐在车厢里经过大桥，又曾经在桥上步行，眺望武汉的形胜，欣赏大江的壮阔。"一桥飞架南北，天堑变通途。"我默诵毛主席的词句，觉得这个词句不仅是咏大桥，而且充分表达出中国人民的气魄。长江大桥建成之后，北京广州之间就每天开直达通车。在以前，这是谁也不曾梦想的。

和鸣老师：
随着经济的发展，我国的交通在不断地发展，结合史料和新闻，说一说我国交通还有哪些重要的发展。

读者留言：

这盛世，如你所愿

刚才我说过，一九六一年五月间到重庆。在重庆待了几天，就乘轮船到汉口，这是我第三回走这条水路了。头一回在一九三七年年底，坐的轮船，是上水。第二回在一九四五年年底，坐的木船，是下水，一路上歇风歇雨，耽耽搁搁，走了一个月才到汉口。那两回真不是滋味，混乱，慌张，时时刻刻提心吊胆。好多处山崖上写着大字——某年某月某日，某某轮在此沉没。有些地方，还看见出事的轮船侧躺在那里，不由你不心里一沉。这一回可大不相同了。只见一路上布置着信号杆和导航标志，到夜间，那些浮在江面上的导航标志就一会儿亮一会儿灭，因而无论昼夜，可以安全通船。许多险滩给炸掉了，听说共有百把处，顶有名的险滩滟滪滩，现在没有了。轮船上收拾得干干净净，一切都安排得井井有条。你吃饭，休息，靠着栏杆看看三峡的峰峦，坐下来读几页书，全都感到非常之安适。回想以前江轮上海轮上那种乱糟糟的情景，这一回旅程真该说太舒服了。

我谈到这里为止。往后有机会，再谈别的吧。

一九六五年十二月为香港《大公报》作

【见微知著】 叶圣陶通过对比中华人民共和国成立前后去西南、西北和东南等地的不同路况，生动地描述了成渝、宝成、宝天、兰新、包兰、鹰厦、南福铁路的改变和进步，以及武汉长江大桥的建成，对中国交通发展史的重大意义，彰显了伟大祖国的繁荣富强。

【叩门引路】 史料中的西海固有"苦瘠甲天下"之称,是革命老区、贫困山区和少数民族聚居区,是国家确定的 14 个集中连片特困地区之一,也是宁夏脱贫攻坚的主战场和核心区;而如今,这里山花烂漫,绿意葱葱,一路风景一路歌。究竟是什么力量,让西海固涅槃重生、脱胎换骨呢?

蓝色的祈祷,绿色的希望

当代 纪红建

西海固,一个听起来就让人感觉干涩、炽烈、坚硬的名字。

2016 年 6 月下旬至 7 月上旬,我一直穿行在巍峨辽阔的六盘山地区,行走在沟壑纵横的宁夏西海固,当我站定在刺槐、山杏树、杨树等"高低搭配",梯田层绿,沟洼成荫的绿色(有点灰,没有南方的绿那么纯那么鲜)之中时,我在心里反问自己:"这是宁夏的西海固吗?"我眼前的西海固,与史料中有"苦瘠甲天下"之称的西海固,与上百年"十年九旱、生态焦黄"的西海固,与诗人笔下"我至今羞于启齿,您干涸的肌肤仍衣不蔽体"的西海固,反差太大了。如果不是亲历其境,如果不是亲眼见到那蔓延在纵横的山谷中的大片绿色植被,我怎么也不会相信。难道真如网上有人所说,"西海固正在变成西藏,变成福建霞浦,变成元阳梯田,甚至变成岜沙,成为新一轮的影像开采地"?当然,这种变化是新中国历史发展的必然。

岁月不堪回首。

历史上的西海固曾在较长一段时间内被沙漠和秃岭紧紧包围,

在苦难的命运中挣扎。多少年间，西海固地区成了贫穷的代名词，称为"苦瘠甲天下"之地，被联合国确认为不适宜人居住的地方。事实上，西海固不缺人文历史积淀，丝绸之路从此穿过，各国商旅曾在这里交流与贸易，更遑论从战国开始，各朝各代的铁骑曾在这里留下无数的厮杀声；它不缺信仰，焦黄的土地上矗立着一座座明净的清真寺；它不缺勤劳，那高高的山峁上种植着一道道黄绿相间的庄稼；它不缺厚土，拿一把铁锹轻轻松松便能挖下十几米的土层。它唯一缺少的只是水，宽阔的河床上没有水，深阒（qù）的老井里没有水，屋里的瓦缸中没有水。这里常年干旱，年降水量300毫米左右，蒸发量却高达2000毫米以上。水是生命之源，人类的生存，最不能缺的就是水啊！

> **雅奏：**
> 三个"不缺"的排比铺垫，让"唯一缺少"更突出醒目，在前后强烈的对比中，我感受到了水对于西海固的重要意义！

贫瘠的西海固一直牵动着中南海和全国人民的心。

1972年，得知西海固地区不少农民"家无隔夜粮，身无御寒衣"，周恩来总理心急如焚，立即决定从部队调拨10万套棉衣运抵西海固，派遣医疗队为贫困群众防病治病。20世纪80年代以来，中央领导不断深入西海固考察，帮助当地分析情况，制定发展战略，提出了"种草种树、发展畜牧、改造河山、治穷致富"的建设方针，并从沿海各省调派大批干部和科技人员对口支援。1983年，党中央和国务院决定，将宁夏的西海固与甘肃的定西、河西这三个全国极度贫困、极度干旱的地区列入国家重点扶贫攻坚计划，连续10年每年拨专款2亿元进行扶贫开发，其中西海固地区每年划拨3400万元。1994年，国家又决定将"三西"扶贫攻坚计划延长10年。1986年，在中央领导同志的关怀下，国家投资2.5

亿元建成了固海扬水工程，甘甜的黄河水上山坡、跨荒原、穿涵洞，扬上了370多米高的亘古荒原，使57万亩干旱的土地成了水浇地，解决了20万人、100万头牲畜的饮水问题。因1991年开始的连续5年的特大干旱，西海固群众的生产、生活环境变得十分恶劣。中央领导得知这一情况后十分焦急，对西海固的抗旱救灾工作做了具体指示，专门派出工作组奔赴宁夏指导工作，并给西海固拨出了大批的救灾物资。1994年，经过全国政协赴宁夏专家考察小组的调查，并与自治区党委、政府反复研究，一个被称为"1236"工程的宁夏扶贫扬黄灌溉工程被描绘了出来，即移民100万人、兴建灌区200万亩、投资30多亿元，6年内完成。1998年9月16日，这项党中央、国务院十分关心的工程在宁夏各族干部群众的努力下，一期工程实现了试通水，滔滔黄河水被提升了170米，灌入了西海固27万亩荒原。新世纪扶贫开发10年，西部大开发的战略高瞻远瞩……从20世纪80年代开始，贫困的西海固经历了一个又一个扶贫接力赛，扶贫战略的实施改变了西海固的面貌，改变了西海固人的命运。

"一方水土都养不了一方人，还谈什么脱贫，还谈什么发展经济，还谈什么幸福日子！"固原市扶贫办的一名扶贫干部告诉我说，"西海固人命运的改变是从生态建设开始的。"

生态环境问题由来已久，生态环境的好坏关系到人类的生存和发展，对于这一关系，西海固地区的先民们深有感悟。从明代中叶以后，由于这里人口激增，便毁林毁草开荒种田；清代更是实行了"招民开垦，按亩收租"政策，致使大片草原被毁；到清末民初，这里的大面积草原已经不复存在，原来典型的草原牧区已经退化为以农为主、农牧业并存的地区。新中国成立后，伴随着人口的急剧增长与对粮食需求的增加，这一带垦荒面积进一步扩大，草原面积大幅减少。尤其是在20世纪70年代"以粮为纲"

政策的影响下,更多的草地变成耕地,加上过度放牧,草地退化十分严重。直至80年代后相当长一段时间内,西海固一带的乱垦滥采、超载过牧现象仍未停止,造成当地90%以上的天然草原存在不同程度的退化,干旱缺水现象也越来越严重,生态环境的平衡遭到破坏,严重削弱了人们生存和发展的自然基础。这种局面直到国家实行退耕还林、退牧还草政策以后才有了较大改观。

西海固人也开始尝到了甜头,他们深刻地意识到:现在的西海固,下雨就是下GDP!

以固原为例。我在固原市统计局提供的相关资料中查到:在开展退耕还林还草之前的1999年,固原市牧草面积只有84万亩,草场退化已经达到相当严重的地步。在实行退耕还林还草之后,到2007年达到384万亩,比1999年扩大了3.6倍。到2007年,固原市畜牧业产值已经由2000年全面退耕、禁牧前的2.35亿元上升到11.22亿元,增长了4.8倍。畜牧业在农业产业结构中的比重也由原来的23.02%上升到30.23%,上升了7.21个百分点。到2013年,固原市退耕还林草面积达到254.2万亩,98万多农业人口人均退耕2亩。这一"退",固原市林草植被大面积恢复,草原植被覆盖率由退耕前的35%提高到现在的73%,森林覆盖率提高到17.6%,固原市还被确定为全国生态文明示范工程试点市。到2016年固原市林业用地总面积为668万亩,森林覆盖率达到22.2%,比宁夏平均水平高出8.4%,年均降雨量达到450毫米,是10年前的2倍。于是,水土流失得到有效遏制,沙尘暴、冰雹等灾害性天气发

> **时乐:** 在此处,列举具体的数字有什么作用?

> **和鸣老师:** 列数字是从数量上说明事物特征或事理的方法,可以使语句更准确,更科学,更具说服力。

生次数减少、强度减弱,野生动物的种群数量明显增多,初步实现了生态环境由整体恶化局部治理向整体遏制局部好转的根本性转变。

这也正是我来西海固后与作家梅洁来后看到了截然不同的面貌的原因。

18年前,梅洁老师来到这片土地时,她眼前的情景是:大人和孩子为了赚钱都在挖甘草,他们不仅把西海固有甘草的草原全部翻了个底朝天,而且整个宁夏有甘草的草原也全部被翻了个底朝天。宁夏的甘草挖得差不多了,他们又三五人合伙,拿上被褥、镢头、麻袋和锅碗瓢盆,开上手扶拖拉机到内蒙古、新疆去挖……梅老师说,她在宁夏采访时,无论在农村还是在城市,无论是书报资料还是电视节目,都在说:宁夏有三宝,枸杞、发菜和甘草。

18年后的今天,不要说西海固地区,就是"三西"地区,甚至整个六盘山山区,除了满眼的青山绿水,就是西海固人发自内心的对这片土地的赞美。我与固原市彭阳县扶贫办副主任赵金平一起去孟塬乡双树村采访的路上,这个经历过西部贫困,当过多年乡镇干部的扶贫干部一个劲地告诉我说:"你看,现在到处都是绿色,哪都是树木花草,许多还是有高经济价值的树种和花草呢。我们彭阳发展只有两个字:种养。而种养靠水。我们这里以前树都砍光了,缺水严重,付出了惨重代价。近些年退耕还林了,树虽然还不大,但降水量有所提高,有了水就可以搞种植了,有了种植就可以发展养殖业了,比如说玉米秆,就是养牲口的好料子。但也有代价,就是我们的生态发展了,但经济跟不上,我们这里是黄土高原的边缘地带,属于黄土丘陵,没有工业,也没有矿产。但为我们的子孙后代留下可持续发展的生态环境,经济发展慢点也值。"双树村第一支书吴富祥告诉我说:"彭阳退耕还林后,生态环境发生了很大的变化,杏花、槐花、苜蓿都有了,有花源

> **和鸣老师：**
> 双树村第一支书吴富祥的话给你怎样的启示呢?

的话，养殖业也就上来了，养殖业上来了，老百姓也就富了。"说起退耕还林，孟塬乡小石沟村小石沟组的陈俭银显得非常激动，他说："十多年的退耕还林、封山禁牧，气候环境好了，雨水也多了，感觉不干燥了。政府大力支持我们科学种田和养殖，粮食增产了，能养羊养牛养生态鸡，还可以养蜂了。"中卫市海原县史店乡副乡长田璟告诉我说："过去我们的土地生态破坏严重，都沙化了，山头开成土地了，靠天吃饭，十年九旱。近些年退耕还林，山坡山头都是树木了，年降水量也上来了。因为降水量提高了，我们县里就成了草蓄大县，种植紫花苜蓿，就拿我们乡来说，就能达到6万亩，紫花苜蓿留床面积能达到4万亩左右。"就连已经从固原市隆德县山河乡地湾村搬迁到银川市永宁县闽宁镇原隆村的邵东礼都说："原来我们老家是没有银川好，但现在就不见得比这里差了。银川这地方热，风大，有时刮起风来，沙子满天飞。看看我们老家，现在满山的树，喝的水都是山里渗出的水，是泉水，甜着呢。银川这地方的水不是太好，有股味道，有时候还供应不上。所以我们经常结伴回老家，看看那里的山林，呼吸那里的清新空气，喝喝那里的山泉水。"

> **和鸣老师：**
> 作者在文段中引用村民邵东礼的话有什么深意？

> **尧年：**
> 从缺水到喝上"泉水"，真是天壤之别！富强使人民可以过上丰衣足食的生活！

十几年弹指一挥间，但十几年足以让一片土地满目疮痍，也可让一片土地绿意盎然、生机勃勃。一切，都是因为人！

（选自《乡村国是》）

这盛世，如你所愿

【见微知著】　生态脆弱、思想落后，物质和精神的双重压力让曾经的西海固满目疮痍。在党和政府的大力支持下，扶贫战略的实施改变了西海固的面貌，西海固人民懂得了科学种田和养殖、退耕还林，生态环境也发生了质的变化，西海固人民的命运改变了。今天的西海固地区正经历着时代的伟大变迁，可以说，国家的富强，人民的富裕，这一切的发展成就都离不开中国共产党的领导！

【叩门引路】 《雪山大地》是第十一届茅盾文学奖获奖作品。其中,作者杨志军在《雪白》这一篇中通过描写支边干部与牧民在牧区现代化建设过程中的密切互动,将青海藏族牧区几十年来在党和政府领导下发生的改天换地的面貌和半个多世纪以来牧区人民攻坚克难的生命轨迹展现在读者面前,体现了追求各民族团结进步的价值追求。文中的父亲,作为支边干部,策划帮助草原牧民移民搬迁,尊重自然规律,实现草原生态修复的光辉业绩。在支边干部与牧民的共同努力下,搬迁入"沁多城"的藏族同胞的生活究竟发生了哪些变化呢?请从文本中找答案吧!

雪白

当代 杨志军

几年过去了,楼厦的崛起似乎比牧草的生长还要快。初具规模的沁多城跟所有城市一样,正在成为原野的中心、当地人向往的地方。人口剧增,建筑连片,在父亲和才让心里,它就是一首歌,是许多个优美音符的有机组合。尼玛村康的电视机销售量说明,电视塔的建立已经成为沁多城的巨大魅惑,生活在城里的人——原有的和新来的,几乎家家有了电视机。尤其是那些陡然变成市民的牧人,对电视的喜欢超过了一切,如果不是发生了奇迹,怎么可能看到那么多美妙的画面?那里有别处的生活,有迷人的故事,有正在发生的事件,有歌舞和说笑以及一本正经的讲话。他们又一次显示了超强的适应能力,并做好了适应一切未曾经历过的生活的准备。沁多城的吸引还在于香萨主任的支持和雪山大地新祭坛的建立。一切都是为了呼唤四面八方的牧人：聚宝之地、吉祥之门、圆满之场、幸福之乡。父亲和角巴以及各县的一把手都在四处奔走，说服牧人离开草原，迁往沁多城。作为曾经的草原领袖，年迈的角巴在这方面显示了出色的能力，仅用五个月时间，就让沁多草原的所有牧人变成了城里人，他和米玛带着格列和藏獒当周也搬进了桑杰的院子，再次跟女儿女婿成了一家人。之后，角巴又开始说服其他乡其他县的牧人，他是咬着牙要帮帮父亲和才让了。

> **和鸣老师：**
> 文中说"如果不是发生了奇迹，怎么可能看到那么多美妙的画面"，联系上下文，请你谈谈这个"奇迹"是怎么发生的。

有一天，已经升任副州长的才让打电话给父亲说："我在沁多城没黑没白地干，还得去州上给你汇报，都没时间睡觉啦。"父亲说："那就不要跑来跑去啦，紧要的事电话里说。""我的意思是你和州委州政府能不能到沁多城来听汇报？"父亲愣了一下：才让不是一个坐地为大的人，怎么能说出这样的话？才让又说："包括在十年搬迁计划中的恐怕不能仅仅是草原牧人吧？"父亲琢磨了一下就明白，才让是提出了"迁都"的想法。"噢呀噢呀，你让我想一想。"父亲先是吹风，后是征求大家的意见，接着他从西宁请了一些专家，亲自陪着他们调查研究，然后在电话里告诉已经成为省长的李志强："看来分十年把阿尼玛卿州全州六县的大部分牧人搬迁到沁多城的目标是可以实现的，但还得有一个举措，就是把州府迁往沁多城。"李志强问："原来的州府呢，那么一大片建筑怎么办？""跟沁多城比，现在的州府所在地海拔又高气候又冷,不利于生存,也不利于建政,最好的办法就是拆除建筑,恢复草原。当初把州府建在那里,是考虑到它是阿尼玛卿草原离西宁比较近的地方,地势也平坦,便于上情下达。现在不一样啦,海拔较低,气候温暖,便于生存,这些优势更重要,另外沁多城还是阿尼玛卿州的地理中心,只要把路修好,去哪里都方便。""是你个人的想法,还是已经做了研究?""才让提出的建议,我们请省里的专家做了调研,常委们议过几次,意见基本是一致的。""你们打个报告,把理由写充分些,我要说服书记和所有常委。"报告是才让起草的,汇总了专家们和州委领导的意见,写了很多理由,最重要的是:城市是一切的中心,更是政治的中心,政权一旦脱离了中心城市,也就等于脱离了发展,而现在的州府跟沁多相比,不过是后者的二十分之一。

第二年春天,"迁都"开始了。这是建设沁多城期间事情最多的一段日子,父亲的忙碌超出了他自己的想象。城市要建设,牧人要安居乐业,草原要恢复,畜牧业要发展,牧场要科学规划,严格执行"有限放牧"的规定,巴颜湖周围的沙山治理要马上开始,野生动物要保护,反盗猎必须提上议事日程,旅游经济要加快步伐,加上气候异常,雪灾、水灾、泥石流频繁,紧急突发事件时有发生,父亲必须腾出时间来到处奔走。其间才让领导的城建局和安置办起到了中流砥柱的作用,他显示了比父亲更成熟更有效的工作能力,注重合约法规,轻视人情人际,思路明确,奖罚分明,处事果断,敢于负责,所有的事都被他打理得井井有条。三个月后"迁都"结束,一些还在守着草场观望的牧人开始抢着往城里搬,城建局和安置办合署办公的地方,排起了长长的队,拥挤发生了,安置办的人怎么劝说都不管用。父亲只好亲自出面维持秩序,告诉牧人们:"安置房是按照全州牧户的数量建造的,绝对不会出现紧缺,要是缺了谁的,谁就住我家。"有人说:"强巴阿爸啦,我也可以住到你家去吗?"父亲扭头一看,一辆卡车慢腾腾开了过来,驾驶室里笑眯眯地坐着索南。

(选自《雪山大地》)

和鸣老师: "要是缺了谁的,谁就住我家"这句话体现出父亲敢担当、能负责、愿奉献的精神,这种精神让你想起哪些人和事?

自强:
我想起了带领兰考人民艰苦奋斗的焦裕禄。他有着强烈的责任感。身患重疾的他仍坚守岗位,为当地治理风沙、盐碱、内涝"三害";改善民生,服务百姓。他的勇于担当,甘于奉献的精神一直激励我们前行。

这盛世,如你所愿

【见微知著】 这段文字描述了沁多城的崛起和发展,以及牧民们从草原迁往城市的历程。在这个过程中,城市建设和牧民安置成了重要的任务。政府相关部门积极推动城市建设,同时也关注牧民的生活和工作。这个故事展示了中国政府在推动经济发展和改善民生方面的决心和能力。通过推进城市化,政府不仅提高了搬迁至沁多城的牧民的生活水平,还促进了农村地区的发展,努力实现各民族共同繁荣发展的目标。

【叩门引路】

核潜艇以其卓越的作战能力和独特的战略地位，成为不可或缺的国之重器。中国在核潜艇研发领域的成果显著，最为先进的型号096型核潜艇能够搭载巨浪-3型潜射导弹，展现出强大的威慑力，是国家安全的重要保障，也是维护世界和平的重要力量。在积贫积弱的年代，中国的核潜艇技术是怎么发展起来的呢？下面就让我们一起走进"中国核潜艇之父"的故事，去感受富国强兵路上这璀璨的一笔！

为铸大国重器，他隐姓埋名30年

当代 王凌硕

"一万年太久，只争朝夕。造不出核潜艇，我死不瞑目！"

在黄旭华的办公室里，两个潜艇模型吸引了记者的目光——短一些"身材胖胖"的是我国第一代某型弹道导弹核潜艇，稍长一些"体形苗条"的则是我国第一代某型攻击型核潜艇。

像抚摸着自己的孩子，黄旭华拿起这两艘模型，唤醒了那段埋藏在内心深处的记忆……

> **和鸣老师：**
> 作者写黄旭华像抚摸自己的孩子般拿起办公室的两个潜艇模型，这一细节有什么深意？

插画 王 超

> **自强：**
> 这个细节表现了黄旭华对潜艇模型的珍爱，也表现出黄旭华对核潜艇事业的热爱，自然引出下文对黄旭华潜心为国研究核潜艇的叙述。

对于大国而言，核潜艇是重要的国防利器之一。有一个通俗的说法：一块高尔夫球大小的铀块燃料，可以让潜艇巡航6万海里；如果换成柴油作燃料，则需要近百节火车的体量。

上世纪中叶，中国人有过强烈的造国产核潜艇的梦想。那时候，我国尖端技术基础薄弱，只能寄希望苏联的技术援助，然而苏联领导人赫鲁晓夫在访华时傲慢地拒绝了，"核潜艇技术复杂，要求高、花钱多，你们没有水平也没有能力来研制。"

事后，毛主席作出指示："核潜艇，一万年也要搞出来！"于是，我国研制核潜艇的"09"工程诞生了，黄旭华凭借出色的专业能力被秘密地召集至北京，迅速开始了我国第一代核潜艇的论证设计工作。

上世纪50年代末的中国，没有一个人真正了解核潜艇，没有任何经验可循。在中央组建的29人造船技术研究室，黄旭华和同事们只是笼统地认为，核潜艇大概就是常规动力潜艇中间加个反应堆。在后来的实践中，黄旭华才渐渐明白造核潜艇并不是想象中那么简单。

从物质到知识，用一穷二白来形容一点也不为过。但祖国的需要就是黄旭华最大的动力。"一万年太久，只争朝夕。造不出核潜艇，我死不瞑目！"黄旭华回忆起当时的情景依然激情澎湃。

当时，有关核潜艇的一切都是核心机密，黄旭华和他的年轻战友们，很难从国外拿到一点关于核潜艇的现成技术资料。在没有任何参考资料的条件下，黄旭华和同事们大海捞针般搜集有关核潜艇的碎片消息。有人从国外带回两个核潜艇的儿童玩具模型，令黄旭华意想不到的是，拆解这两个玩具，竟然发现和他们构思的核潜艇图纸基本一样！

说干就干，他们用算盘和计算尺去计算核潜艇上的大量数据。"比如，核潜艇的稳定性至关重要，太重容易下沉，太轻潜不下去，重心斜了容易侧翻，必须精确计算。"黄旭华说。

为了保证计算准确性，研发人员分组进行计算，出现不同结果重新再算，直到得出一致的数据。

核潜艇上的设备、管线数以万计，黄旭华要求个个过秤，几年来每次称重都是"斤斤计较"。最终，数千吨的核潜艇在下水后的试潜、定重测试值与设计值毫无二致。

1974年8月1日，我国第一艘核潜艇命名为"长征一号"，正式列入海军战斗序列。

从1965年"09"计划正式立项，用了不到十年，我们造出了自己的核潜艇。至此，我国成为继美国、苏联、英国、法国之后世界上第五个拥有核潜艇的国家，使中国具备了二次核反击的能力，茫茫海疆成为阻隔外敌的海上长城！

"我的生命早已经和祖国的核潜艇事业融为一体。"

虽然造出了核潜艇，但黄旭华的步伐没有停歇。随后几年，他依然选择了"深潜"。1988年4月29日，中国核潜艇首次进行深潜试验。"艇上一个扑克牌大小的钢板，潜下数百米后，承受水的压力是一吨多，一百多米长的艇体，任何一个钢板不合格、一条焊缝有问题、一个阀门封闭不严，都可能导致艇毁人亡。"黄旭华这样形容深潜试验的危险性。

核潜艇是否具备战斗力，极限深潜试验是关键。深潜试验就是考验核潜艇在极限情况下结构和通海系统的安全性,在核潜艇深水试验中最具有风险性和挑战性。"我对深潜很有信心,将与大家一起下水!"已过花甲之年的黄旭华选择和潜艇官兵们一同下潜。寂静的深海中,巨大的水压压迫舰体发出阵阵声响,现场所有人都屏住了呼吸。

1小时、2小时、3小时……随着时间一点点推移,核潜艇到了水下极限深度,完成了4小时的深潜试验。试验成功了!这个世界上第一位亲自参与核潜艇深潜试验的总设计师即兴挥毫:"花甲痴翁,志探龙宫,惊涛骇浪,乐在其中!"

直到今天,黄旭华与核潜艇的不解之缘还在延续。60年风雨兼程,核潜艇事业一直伴随着他。

1988年,在完成中国第一代核潜艇深潜试验和水下运载火箭发射试验后,黄旭华把接力棒传给了第二代核潜艇研制人员。此后的20多年里,他给年轻一代当"拉拉队",关键时刻给他们"撑腰",还扮演"场外指导"。

工作成为黄旭华的一种习惯。现在,已过耄(mào)耋(dié)之年的黄旭华,每天上午8点半准时来到办公室,整理几堆1米多高的资料。对黄旭华来说,这是他一辈子的财富,他希望把这些珍贵的资料保存好,一代代传下去。黄旭华常常说:"我割舍不下这项事业,我的生命早已经和祖国的核潜艇事业融为一体。"

> **和鸣老师:**
> 联系全文,说一说哪些事件说明黄旭华的生命与祖国的核潜艇的事业融为一体。

作为核潜艇技术领域的带头人，黄旭华几十年来硕果累累。他率领团队开展了一系列重点型号研制工作，培养锻炼了一大批优秀的科技人才，其中包括中国工程院院士1位、船舶设计大师2位、中国船舶重工集团首席技术专家2位、核潜艇工程总设计师1位、型号总设计师7位、型号副总设计师30余位。

"是我选择了这'不可告人'的人生"

"时时刻刻严守国家机密，不能泄露工作单位和任务；一辈子当无名英雄，隐姓埋名；进入这个领域就准备干一辈子，就算犯错误了，也只能留在单位里打扫卫生。"这是在参加核潜艇研制工作时，领导给黄旭华提出的要求。

黄旭华毫不犹豫地答应了，他坚定地说："我能承受。在大学时我经受过地下组织严格的纪律性、组织性的锻炼和考验，相比之下，隐姓埋名算什么？"

回想童年往事，黄旭华依然历历在目。抗战爆发后，沿海省份学校停办。1938年大年初四，14岁的黄旭华在日军的轰炸中开始了颠沛流离的求学。

不停躲避敌机轰炸的遭遇，让曾梦想当医生的黄旭华开始思考这个支离破碎的国家："为什么日本军队那么疯狂。为什么中国人不能生活在自己的家乡，而是到处流浪。祖国那么大，为什么连一个安静读书的地方都找不到。"

"国家太弱就会任人欺凌、宰割，当时有句话叫'科学救国'。我不学医了，我要读航空、读造船，将来我要制造飞机捍卫我们的蓝天，制造军舰从海上抵御外国的侵略。"黄旭华立下了救国之志。

> **和鸣老师：**
> 以上三段用了什么记叙顺序，有什么作用？

> **自强：**
> 插叙，回忆了黄旭华童年、青年时期，颠沛流离的求学经历，补充说明黄旭华立志救国的原因，表达了作者对黄旭华隐姓埋名，一心为国铸重器精神的赞美之情！

为了这条救国之路，他付出了常人难以想象的艰辛。当受领研制核潜艇的使命后，他只能选择"神秘消失"。因工作保密，父母和8个兄弟姐妹都不知道他是干什么的，父亲去世，他没能见上最后一面，对于母亲，一别就是30年。

直到1987年，黄旭华隐秘30年的生活，才渐渐显露于世。上海《文汇月刊》刊登长篇报告文学《赫赫而无名的人生》，黄旭华把报刊寄给广东老家的母亲。母亲看到文章后，才知道儿子这么多年的去向。

母亲把文章看了一遍又一遍，流着泪对全家人说："三哥（黄旭华）的事情，大家要理解、要谅解。"

对于亲人，黄旭华总感觉亏欠的太多。多年后，也有人对他开玩笑地讲："你做核潜艇，真是一个'不可告人'的人生！"

"试问大海碧波，何谓以身许国。青丝化作白发，依旧铁马冰河。磊落平生无限爱，尽付无言高歌。"这是2014年，作词家闫肃为黄旭华写的词。对于这份神秘，黄旭华显得很释然，他说："我很爱我的母亲、妻子和女儿，我很爱她们。"他顿了顿，继续说："但我更爱核潜艇，更爱国家。我此生没有虚度，无怨无悔。"

【小课堂】黄旭华是谁？

黄旭华，我国第一代核潜艇总设计师，中国工程院院士、中国船舶重工集团719研究所名誉所长。先后获得全国科学大会奖、国家科技进步特等奖、全国道德模范称号，被誉为"中国核潜艇之父"。2019年，获颁"共和国勋章"，2020年，获颁2019年度国家最高科学技术奖。

这盛世，如你所愿

【见微知著】

读完这篇新闻稿，我们了解到：出生于旧时代，成长在红旗下的黄旭华的一生都在为国家的核潜艇事业奋斗。他严守国家机密，克服困难，潜心研究，当了30年的无名英雄，为中国的科技强国写下了绚烂的一笔，他是吾辈的楷模！生活在新时代的我们，更应该珍惜每一个机会，勇敢地去尝试，不断地学习和成长。让我们一起携手前行，为实现中华民族伟大复兴的中国梦，展翅翱翔，勇往直前！

【叩门引路】 航空母舰作为现代海军的重要力量，代表着国家综合国力，一直备受世界各国的关注。依靠航空母舰，一个国家可以在远离其国土的区域、在不依靠当地机场的情况下施加军事压力和进行作战。中国是世界上少数几个拥有航母的国家之一，其航母事业的发展备受瞩目。从辽宁舰、山东舰到福建舰，中国航母经历了10年的发展历程，这漫长的10年，中国航母人做出了哪些努力呢？让我们一同走进《遇上航母时代——写在中国航母入列10周年之际》。

遇上航母时代

——写在中国航母入列10周年之际（节选）

当代 李唐

金秋的一个清晨，海风轻拂。上海江南造船厂舾装码头，32岁的一级上士闵江涛和战友攀上我国第三艘航母福建舰的舷梯。此刻，这艘巨舰正横波静卧，傲视着大海。

和鸣老师： 开头的环境描写有什么作用？

星瑶： 写出了清晨江面的平静，交代了故事发生的地点，烘托出了航母官兵喜悦美好的心情。

站在宽大的飞行甲板上，闵江涛倚栏远眺，初生的朝阳打在他脸庞上，闪耀着青春的光芒。眼前的景象让他不由得回想起 10 年前，那也是一个朝霞满天的清晨——

> **和鸣老师：**
> 从航母官兵的角度回忆航母的发展历程，这种写法有什么好处呢？

> **自强：**
> 我觉得给人以真实可感的感觉，而且便于下文的叙述。

2012 年 9 月 25 日，作为我国首艘航母辽宁舰舰员，他参加了辽宁舰交接入列仪式。

生逢盛世，又遇上航母时代，闵江涛开启了与航母结缘的"开挂时刻"：2017 年参加国产航母出坞下水仪式，2019 年参加山东舰交接入列仪式，2022 年参加福建舰下水命名仪式，其间多次随航母编队远赴西太平洋执行重大任务……

在福建舰，像闵江涛这样在 3 艘航母服役、亲历 3 艘航母入列下水仪式的官兵还有很多。他们无疑是时代的幸运儿，见证了中国航母从无到有、从改装到国产、从滑跃到弹射的升级蜕变全过程。

时代的高光，自然而然打在了他们身上。从辽宁舰入列到今天，整整 10 个春秋。这 10 年，是海军加快推进转型建设、加快提升作战能力的 10 年，也是人民军队改革重塑奋斗强军的 10 年，更是十八大以来党和国家事业取得历史性成就、发生历史性变革的 10 年。

凭海临风望寰宇，世界航母已诞生 100 年。中国航母入列仅 10 年，人民海军阔步星辰大海、逐梦万里海天才刚刚开始……

"就算白送中国一艘航母，他们5年之内能管好就不错了。""你们的航母就是一艘破船，没有舰载机，即便有了舰载机也飞不上航母……" 10年前，中国首艘航母服役时，不少外国同行和专家曾这样揶揄。

航母官兵心里最清楚：想堵住别人的嘴，让国外同行彻底服气，我们不仅需要硬气，更需要底气。底气从何而来？

"航母究竟是什么？如何认识航母这种新型作战力量？怎样才能尽快形成体系作战能力？"一名航母编队指挥员曾无数次提问官兵，并让他们从训练和管理中摸索答案。

辽宁舰副舰长陆强强写出了这个"不等式"：航母≠飞机＋舰船。它既不是单纯的航海，也不是单纯的航空，而是航空和航海的高度融合，确切说是一艘插上了翅膀的巨舰。

山东舰副舰长徐英这样理解：从概念、文化、技术来说，航母是一个全新东西。它用战机进行海上作战，舰长不仅仅要会操船，更得学好航空作战理论。

福建舰航空保障部门长马超说：经历越多，越发现自己无知。当我在辽宁舰、山东舰、福建舰多个岗位任职后，才明白航母的复杂性。

"我们的航母走过10年，确实太不容易了。""一些大国封锁就封锁吧，关键他还使坏，不让你好好发展航母。"陆强强、徐英、马超等回忆起第一代航母人探索、试错、创新、前进的故事时，语调不仅壮怀激烈，甚至还有一丝悲壮。

起步，从零开始。抓母舰训练，航母官兵探索出"个人——模块——单舰——编队"这条战斗力生成和训练链路。各岗位舰员独立职掌所属装备，了解掌握基本理论，这是航母战斗力最基础的细胞。然后进入航空保障、防空反导、反潜作战等模块训练，众多模块就构成了航母单舰基础作战能力。单舰能力再往上，就是编队能力训练。

抓舰载机训练，更是在没有教员、没有教材、没有经验、没有教练机、没有训练器材的情况下，从试验试飞中闯出了一条适合我国特色的舰载机着舰航线，成为世界上少数几个独立掌握舰载战斗机海上起降技术的国家，走出了改装、生长双轨并行的舰载机飞行人才培养路子，真正拥有了自主培养的舰载战斗机飞行员队伍。

抓综合保障训练，从母舰官兵衣食住行到编队油水弹药补给，从航空联队机务保障到属舰物资配备，从装备舰员自我维修到编队维修支援体系，每一项都是探索和创新。不少官兵说，航母的综合保障能力，是从冷藏一片菜叶、改革一个扳手、装卸一枚导弹等细节开始的。

巨舰经过10年磨砺，锋刃已然寒光闪闪。

> **自强：**
> 从零开始起步，抓母舰训练，抓舰载机训练，抓综合保障训练，每一个环节的进步都精益求精，中国航母人不懈奋斗的精神值得我们学习！

辽宁舰航空保障部门起飞系统区队长张乃刚一直负责放飞歼-15舰载战斗机，10年放飞，他始终豪情满怀："从第1架歼-15战机首飞，到第1000架次起降，我们用了5年；而第二个1000架次，我们只用了两年半；突破第三个1000架次，时间还将大幅缩短。"

这10年，从单机到编队，歼-15舰载战斗机实现舰基多批起降、多机轮转、高频调运，出动效率不断提升；从编队到体系，辽宁舰、山东舰由训转战，舰、潜、机深度融合，综合打击能力持续增强；从近海到远海，航母不再是"宅男"，冲破岛链、停靠香港、砺剑南海、演兵西太，航迹越走越远；从昼间到夜间，瞄准高、难、险，加快探索提升战斗力步伐。

这10年，中国航母发展速度超出了许多人的想象，不少驻华使馆武官惊叹："你们是怎么做到的？"

"我们是努力做到的！"这样的回答，就是中国航母人的底气！

清风拂过，闵江涛把思绪拉回到现在，与战友走向福建舰的深舱，去熟悉未来的战位。1990年出生的他，10年前在辽宁舰也许还有点青涩懵懂，如今已是福建舰的军士骨干。

10年走过，中国航母正青春，海军航母人正青春。

和鸣老师：

"中国航母正青春，海军航母人正青春"这句话有怎样的意蕴呢？

自强：

"正青春"指中国航母相对于已诞生百年的世界航母来说，正处于逐梦万里海天的初步发展阶段，也指中国海军航母人正值奋发有为的年龄段。这句话表达了作者对中国海军航母发展的美好期待，以及对中国航母人进取精神的赞美！

【见微知著】

本文通过介绍中国福建舰、辽宁舰的相关情况，向读者展示了中国航母事业的发展历程。文章从航母官兵的角度出发，讲述了他们在航母上的训练和生活，并探讨了其中蕴含的启示和挑战。通过这篇文章，我们可以更加深入地了解中国航母事业的发展背景、现状和前景，以及其在维护国家安全和发展等方面所扮演的重要角色，增强对国家军事实力大幅发展的自信心和自豪感。

【叩门引路】第29届夏季奥林匹克运动会,于2008年8月8日至8月24日在中国北京市举行。这是中国首次举办夏季奥运会,具有重要的历史意义。这场举世闻名的盛会,是怎样的盛况?带来了哪些影响?让我们一同走近第十九届中国新闻奖特别奖作品《永恒的经典 历史的丰碑——写在北京第29届奥林匹克运动会闭幕前夕》,去感受祖国体育事业的发展与强大。

永恒的经典 历史的丰碑
——写在北京第29届奥林匹克运动会闭幕前夕
当代 许基仁

这盛世,如你所愿

新华社北京2008年8月22日电 这将是一个令人难忘的时刻。充满生机与活力、传递激情与梦想的北京第29届奥运会,将以空前宏大的规模、精彩纷呈的竞技、绚丽多姿的文化、海纳百川的胸怀,定格在人类奥运史册上,化作一部永恒的经典,留下一座历史的丰碑。

中华儿女可以自豪地宣告:我们没有辜负国际社会、国际奥委会的信任与重托;世界人民可以欣慰地回应:选择中国、选择北京是一个正确的决定!

> **和鸣老师:**
> 这里使用了排比的修辞手法,强调了这次奥运会的特点。"经典"和"丰碑"的比喻,生动形象地说明这次奥运会对于人类奥运历史的重要地位及重要意义。

——2008年8月8日到8月24日，人类文明史将收录、珍藏、传诵这辉煌的十七天！

　　这是一届创造奇迹、超越梦想的奥运会。迄今已诞生了38项世界纪录，蒙古、多哥、阿富汗、塔吉克斯坦等代表团实现了各自国家金牌、奖牌的历史性突破，菲尔普斯独得8金并打破7项世界纪录，博尔特包揽男子100米、200米这两颗奥运会"皇冠上的明珠"并双破世界纪录，中国代表团历史上首次跃居金牌榜首位……一项项优异的成绩，一个个辉煌的瞬间，让人类骄傲，让世界沸腾。

> **展鹏：** 读了这一段，让我感受到了当年北京奥运会的精彩和水平之高！

　　这是一届彰显人性、迸发真情的奥运会。俄罗斯选手帕杰林娜和格鲁吉亚选手萨鲁克瓦泽在女子气手枪决赛结束后相拥相吻，让人类追求和平的天性尽情展现。从一群年龄只有自己一半的小女孩手中夺得一枚银牌，德国体操女选手丘索维金娜"高龄"参赛，为自己的儿子筹措治病费用，伟大的母爱感天动地。颁奖仪式上，德国选手施泰纳把亡妻苏珊的照片和奥运举重金牌高高举起，展露出一份催人泪下的爱情。南非残疾姑娘杜托伊特在游完10公里马拉松后直言："我从来没想到过自己少一条腿"，激情四射，豪气干云……

　　"同一个世界，同一个梦想"。热情好客的中国人民为了北京奥运会的成功倾注了心血，诠释了这个古老而青春勃发的民族对奥运理念的认识。人类共有的理想，超越了肤色、信仰、文化、语言的障碍。一句句问候、一次次握手、一个个微笑，多少年以后，也许人们会忘记金牌的归属，但崇高的人性光辉，将被永远地珍藏。一位位英雄的问世，一幕幕经典的诞生，一个个奇迹的出现，一份份情感的涌动，多少年以后，人们也许各自天南海北，但同一份美好的记忆，将被深深地镌刻。

> **和鸣老师：**
> "同一个世界，同一个梦想"是2008年北京奥运会的口号，表达了全世界在奥林匹克精神的感召下，追求人类美好未来的共同愿望。

——在中华民族伟大复兴的征程中，北京奥运会是永恒的经典、历史的丰碑！

中华民族曾有过辉煌的历史，骄人的文明，也曾遭受磨难、饱受屈辱。但不屈不挠的民族追求复兴的梦想和步伐从来没有停止。

新中国诞生，中国人民结束了"东亚病夫"的历史。伴随着改革开放的进程，中国人民昂首进入奥林匹克舞台。申奥成功7年来，中国人民呕心沥血，不负众望，向全世界奉献了一台成功的奥运会。正如北京奥运会开幕式上展现中华民族五千年灿烂文明的"中国长卷"那样，中华民族有灿烂的过去，有辉煌的今天，也必定有光明的未来。

北京奥运会让中国成为全球的焦点。全世界如此真切和集中地感受到中华民族的进取心、创造力、责任感和追求和平、和谐、友谊的国家品格和民族特性。可以告慰先人的是，几代人百年来梦寐以求的壮举，在我们手中完成！

——在社会主义中国改革开放的伟大进程中，北京奥运会是永恒的经典、历史的丰碑！

> **和鸣老师：**
> 结合全文，说一说为什么北京奥运会是"永恒的经典、历史的丰碑"。

我们兑现了对国际社会的郑重承诺，认真履行了国际义务，以空前开放的思维和务实的举动，集北京之力、举全国之力办好奥运。正是改革开放 30 年所积累的物质财富和精神财富，使我们成功实现了举办有特色、高水平奥运会的目标。北京奥运会的成功，展现了中国 30 年改革开放的丰硕成果。

> **和鸣老师：**
> 结合上一段文字，你认为北京奥运会取得成功的原因是什么？

这是中国的机会，北京奥运会推动了中国的进步！通过举办奥运会，中国人民更加增强了民族自豪感和凝聚力，增强了对社会主义中国和平发展的信心，也使全世界进一步了解、正视、尊重中国的社会制度和发展模式。通过举办奥运会，加快了中国的开放步伐，使全世界清晰地看到一个发展进步、友好和谐、重诺守信、尊重国际规则的中国，有助于中国进一步走向世界。通过举办奥运会，我们留下了"鸟巢""水立方"等一大批中外建筑大师精诚合作而创造的标志性建筑和城市基础设施，为提升城市实力、改善民众生活打下了良好的基础。通过举办奥运会，"绿色奥运、科技奥运、人文奥运"的理念深入人心，极大地提升了全社会的环保意识、科技意识、文明意识、人文意识和公民意识；活跃在奥运赛场内外的上百万志愿者、啦啦队和观众，既为中国选手和热点项目加油助威，也为外国选手、非热点项目呐喊击掌，这份真诚、热情和包容让全世界动容，彰显了中国人民的善良和责任感，彰显了改革开放的中国自信成熟的胸襟。通过举办奥运会，作为西方文明的奥林匹克精神与中华文明有机融合，奥林匹克课程惠及中国亿万民众，规则意识、参与意识和公平竞争意识，成为奥林匹克带给中国的宝贵精神财富。北京、中国，使国际奥委会7年前"北京奥运会将给中国和世界体育运动留下独一无二的遗产"的预言变成了活生生的现实。

和鸣老师：
为什么说北京奥运会推动了中国的进步？结合文章，请你用简洁的语言说说北京奥运会带给中国的影响。

自强：
北京奥运会对中国经济产生了积极的推动作用。基础设施建设和服务业的发展带动了相关产业的繁荣。

皓鹏：
有利于增强文化自信，北京奥运会不仅仅是一场体育盛会，更是一次文化交流的机会。北京奥运会展示了中国是体育强国、文化强国的事实。

——在奥林匹克运动百余年的历史上，北京奥运会是永恒的经典、历史的丰碑！

这是世界的机会，北京奥运会推动了奥林匹克运动的发展！历经112年的奥林匹克运动作为一种现代文明，奥运会作为一项全球盛会，五环旗作为一面全人类共同的旗帜，只有来到占世界人口五分之一的东方文明发源地，才具有更加完整的定义。经过中国人民、国际奥委会和全世界的共同努力，奥运圣火终于在古老而现代的中国熊熊燃烧，这使奥林匹克运动更加具有广泛性和全球性，也使这项源于西方的文明由于融合了东方中华文明的精髓而具有更加博大精深的内涵，具有更大的感召力、影响力。这是中国给奥林匹克运动作出的巨大贡献。

中国需要世界，世界需要中国。奥运会上以"团结、友谊、和平"为主旨的交流有利于世界各国和地区消除隔阂、摒弃歧见、化解矛盾、增进了解，从而达到建设和谐世界的目的。这不仅是中国的渴望，也是全世界的憧憬。北京奥运会，使全世界看到了一个执着追求富强、民主、开放、和平、友谊的大国形象。这是中华民族通过北京奥运会献给世界的一声最真诚的问候，一份最珍贵的礼物。

8月18日晚，俄罗斯女子撑竿跳高名将伊辛巴耶娃以5米05的成绩第24次打破世界纪录后说："只有天空是我的极限！"

把横杆架设到天空上，让奥运的激情和人类的梦想在无垠的宇宙中翱翔吧！伟大而崇高的追求永无极限、瑰丽无比！

【小课堂】"鸟巢"上方指什么？

"鸟巢"上方，指代"国家体育场"，即北京奥运会的主场馆。

【见微知著】

北京奥运会是一次具有历史意义的盛会，在文化传承、体育精神传承、城市建设等方面都产生了深远的影响，它展现了中国的现代化建设成果和良好的国际形象，同时也促进了文化交流和社会进步。北京奥运会的圆满举行提高了人们的体育意识和对健康生活方式的热情追求，标志着中国已经成为世界体育强国之一，为中国在国际舞台上赢得了更多的尊重和认可。

【叩门引路】红旗渠位于中国河南省林州市，是在太行山腰上修建的引漳入林工程，始建于20世纪60年代。在当时极其艰难的条件下，林州人民团结一心，克服重重困难，历时十年，成功修建了这项伟大的水利工程。在这个过程中，展现的红旗渠精神鼓舞着一代代人，那么红旗渠精神究竟有怎样的精神内涵？太行人在红旗渠精神的影响下，书写了怎样的传奇？带着这些疑问，让我们一同走近中国新闻奖获奖作品《守望精神家园的太行人——红旗渠精神当代传奇》。

守望精神家园的太行人
——红旗渠精神当代传奇（节选）
当代　李从军　刘思扬　朱玉　赵承

这盛世，如你所愿

新华社北京 2011 年 10 月 16 日电　太行山，富有传奇色彩的山峦，这里产生许多动人的远古神话：盘古开天、精卫填海、愚公移山……几千年来，这些神话以其永恒的魅力昭示着后人，续写着感天动地的新篇章。

半个世纪前，中国林州的十万开山者，历时十年，绝壁穿石，挖渠千里，把中华民族的一面精神之旗，插在了太行之巅。

今天，无数的太行儿女在拓荒创业，执着地守望着自己的精神家园，书写更为壮丽的当代传奇。

人类历史的天空，总有一些相似的星光交相闪耀。

12 世纪中叶，日内瓦湖畔，瑞士西都会教士们从山坡最为陡峭的德萨雷开始，背石垒墙，堆土引水，开垦了最古老最壮观的葡萄园梯田。

诗人们对着前人留下的美丽吟唱：德萨雷（瑞士的一个地方）有三个太阳照耀着，一个在天上，一个在湖面，一个在古老的石墙上——那是石墙闪烁着的精神之光。

太行山，不止是三个太阳，那里有无数个太阳在照耀，那是太行人自强不已、奋斗不息的精神之光！

和鸣老师： 文中引用有关德萨雷有三个太阳照耀着的诗歌，对叙写太行山有什么作用？

展鹏：

引用诗歌，表达对太行山美丽景色的赞美。同时，"那是石墙闪烁着的精神之光"一句，强调了太行山文化的内在价值和精神意义。

太行之力——一种滴水穿石的坚韧

"夸父与日逐走……道渴而死。弃其杖，化为邓林"

——《山海经》

人类总是对英雄怀有天然的崇敬。

传说中追日的夸父因缺水而亡，至死不悔；太行山人为引水而战，生生不息。

这，就是中华民族的韧性。

1960年，红旗渠开挖不到两个月，张买江的父亲张运仁就牺牲在修渠的工地上。

取水，这个往日男人承担的重活，落在了母亲肩上。女人力气小，被抢水的人群挤落在水中。母亲扛着空桶，穿着湿透的棉衣，一进家就撵张买江出门:"你上渠!渠里不来水,你别回家!"

通水的那天夜里,她坐在渠边,整整守看了一夜。

第二天早晨,她拦住了前来挑水的人群。她要先于别人打第一桶红旗渠水,因为她贡献了丈夫,又把13岁的儿子送到渠上,她比别人更有资格。

> **和鸣老师:**
> 有人说作者写到张买江的母亲,在红旗渠通水后争着打第一桶水,削弱了太行人积极正面的形象,对此,你怎么看?

这是为内心一口气,坚韧地活着的女人!

又是一年的桃花盛开了。

不是在春天,而是在千里冰封的雪天里;不是在温室,而是在高耸巍峨的绝壁上。

有桃花的艳丽,又有梅花般的品格。冬季每有游人来到林州,石板岩乡桃花洞村是必去的地方——那里冬天可以看桃花。

申兰英与原海生,青梅竹马,就长在那个冬天里桃花烂漫的村子。

2000年,原海生掉入山谷。当支书的他,是死在发展旅游的道路上。

就在他走后,桃花洞村的旅游开始热起来。

就像莫邪当年铸剑七七四十九日,以身赴铜水,血凝剑气,其志感天动地,因而铸就名剑。原海生以冬天的离去,为这个小村带来了春的生机。

丈夫留给申兰英两个孩子:儿子上大学,女儿刚刚初二;还留下了点账面上的钱,是一直没有领到的村主任工资,每年700元,一共欠了10年。

咬咬牙,申兰英支起了桌子,搭起了棚。过路人吃她一碗面,丢下两块钱。

一张桌变成了十张桌，棚子变成了面馆。

吃面的人开始直接叫这个爽快麻利的女人"桃花嫂子"。一位画家给她写了几个字贴到了屋里："桃花嫂子面，好吃看得见。"渐渐地，她把"桃花嫂子"的招牌挂在了外墙上。

当地人说，桃花谷里桃花店，桃花嫂子桃花面；桃花乡里桃花香，桃花溪漂桃花瓣。"桃花嫂子"成了太行山里的品牌，老粗布、杂粮，都追着赶着标出桃花嫂子的名字。

人们看到申兰英脸上总是挂着笑，可她内心却有不为人知的苦楚。她把自己与丈夫结婚时的一张照片镶在镜框里，天天守着。

当我们提到原海生时，她说，只有一张合影，11年了，还是想他……

一语未了，掩面而去。

总是有一些英雄没有来得及戴上红花，就悄然隐退到历史的幕后。

原海生坠下悬崖的地方，后来是一道有名的景点，两道飞泉夹石而过，取名"含珠"……

所有的光荣与梦想，都是付出了血与泪的代价，如同追日的夸父，"体解而未变""虽九死其犹未悔"！

谁也不敢说上天亏待了林州。但是，这个大山里的地方的确没有得到上天厚爱。一个缺水之地，一个守着一堆石头的穷县，凭什么50年前让漳河之水天上来？凭什么改革开放30多年来，让自己的经济社会发展水平在河南108个县市处于前列？

一个国家真正的财富，不仅在于拥有有形的物质力量，还在于、某种意义上说更在于是否拥有无形的精神力量。经济的发达，可以为一个国家贴上强大的标签；而唯有精神的力量，可以让一个国家扛得起伟大的字眼。

太行山下，一个曾在井下挖煤的汉子，在韧性的坚持中获得了不止一次的重生。

桑中生从来都拒绝谈起他最艰难的时候。

记者试着问他，他回避：不提这个。

笑着拒绝，然而泪水就在瞬间流下。

——"谁意百炼钢，化为绕指柔"？

他是一个亿万富翁，也是一个穷得没钱吃饭的人。最苦的时候，机器全趴在厂房里，家里拿不出一分钱，门口站满要账的。

2008年，桑中生投资搞起了用于太阳能的多晶硅，当年就缴税1亿元。2009年，投资27亿元扩大产能。国际金融危机的风浪扑到了中国的山区，原来300多万元一吨的多晶硅，降到10万元也没有人要。

只得停产。

置之死地，能否后生？没有资金寸步难行，情急无奈之下，如同秦琼卖马、杨志卖刀，桑中生决意出让企业股份，换来帮他进行技术改造的团队，以作最后一搏。

桑中生能否走出困境？没有人知道；这一搏就是最后一搏？

和鸣老师：
张买江的母亲、申兰英、桑中生这三个人物身上有什么相似点？

读者留言：

没有人能回答。可桑中生说，林州人认死理，一条道走到黑，就得成功。

大凡英雄志士，往往浸染着浓烈的悲壮色彩。他们历尽艰难险阻，忍受常人难以承受的巨大痛苦——明知力不能支而殊死搏击，直到最后一息。如同不顾一切逐日的夸父，最终倒在实现理想的途中。

曾战太行，曾出太行，曾富太行，但是，林州人不允许自己安卧太行，这是一群虽然吃饱了饭，还要为自己理想逐日的人！

太行之魂——一曲民族精神的咏叹

"太行、王屋二山，方七百里，高万仞……北山愚公者，年且九十，面山而居……率子孙荷担者三夫，叩石垦壤，箕畚运于渤海之尾"

——《列子》

登上红旗渠，仿佛能听到太行山的呼吸。

无论是从地理方位，还是从时空坐标，这都是一座展现巍巍中华气象的山脉。

山上，是站立的中国。

地下，是深藏的中国——林州辖于安阳，是中国最早的甲骨文发现地，16万片甲骨在历史的土壤中深藏不露，整整等了现代的人们120万个日夜。

如果寻到那根绳子，不知是不是可以找到远古人们面对太行山，结绳记事，系在一条绳索上的记忆？

时间的甬道，走出来了一位叫愚公的老人。他带领后代挖山不止的声响，今天还鸣响于历史的回音壁上。

太行、王屋二山，虽然已从愚公的门前搬走，但是中国的未来之路上，还有渡不完的河流，搬不完的大山。

今年，杨贵和郑中华应中直管理局之邀，同时参与了一场讲座，两人一前一后讲演，主题就是红旗渠。

多么奇妙的搭配——

同一职位，不同年龄。

皓首，黑发。

一个建设红旗渠，一个重修红旗渠。

神奇的传承把两人联系在一起。

这不只是一次沿着历史痕迹的寻访，也是面向历史的发问，和面向未来的作答。

台下一片寂静，一片模糊的泪眼。

一个大国，一个强大的民族，必须具有展望未来的眼光，和追问历史的能力。一个时代，不能只留下飞速发展的数据，还应该为后人保存丰富的精神食粮。

当人们访问当年开挖红旗渠的那些"愚公"时，突然发现，岁月无情，他们已经在逝去中慢慢凋谢。

毕竟，近五十年过去了。

当年叩击太行的前辈离去后，愚公移山的故事，是否还会有人讲述？人们担心的是，红旗渠精神，这种可以感觉却无法触摸的至真至宝，是否可以传承？红旗渠精神，是否会因物质生活的丰裕而被窒息？红旗渠的精神家园，乃至中华民族的精神家园，是否有人守望？

岁月可以风化坚硬的太行山石，唯有精神不可随风而去。

1934年，当中国工农红军开始长征时，无数的人们放下手里的锄耙和书本，眼睛放光地追随着这支戴着红星的队伍而去。

在当时的条件下，这支队伍能给热爱它的人们什么呢？

鲜血，饥饿，危险，甚至死亡。

还有，饱满得闪闪发光的伟大精神。

中国人喜欢用万里和千里这种极宽广的距离，来形容诗意和伟大，譬如用脚走出来的万里长征，用手凿出来的千里红旗渠。

两个事件都是在环境极其恶劣，物质极度困窘，在几近不可能的状态下完成的。唯一可以找到的共同点，是完成它们的人，都具备中华民族共同的精神气质。

当这种精神成为文化，当这种精神成为传统，当这种精神融入血脉，自然就有了与苍穹比阔的力量！

和鸣老师：
文中说"这种精神成为文化"，请结合全文谈谈这是怎样的一种精神文化。

时乐：
太行山人在极其恶劣的环境下，修建了红旗渠，解决了当地的用水问题，显示出"筚路蓝缕"的艰苦创业的精神文化。

展鹏： 对，也是一种不畏艰难、敢想敢干的愚公精神文化。

星瑶：
太行人本是守着一堆石头的穷苦百姓，但他们不仅让漳河之水天上来，还在改革开放30多年来，让自己的经济社会发展水平大大提升，这是一种坚持不懈、努力奋斗的精神文化。

中国的道路，是走出来的；中国的江山，是打出来的；中国的富强，是干出来的；中国的精神，是几千年来的日月，积攒出来的！

林州的发展，与当代中国前进的节奏，是那么地吻合。

20世纪60年代，林州解决了水的问题；

20世纪80年代，林州解决了粮的问题；

20世纪90年代，林州逐渐开始解决钱的问题；

现在，吃饱了肚子的林州，执着地甚至倔强地守望着自己的精神家园，而兜里有了钱的中国，越来越多的人抬起头，仰望未来星空，在扪心自问自己的精神归宿……

抗战最艰苦的1940年，徐悲鸿用他的画笔，画出了愚公移山；解放战争的前夜，毛泽东用他的思想，讲起了愚公移山；

三年自然灾害期间，林州人用铁锤敲出了愚公移山；

今天，我们又在中国前进道路上的一座座有形和无形的大山前，想起了愚公移山……

在林州，我们听到一串串意蕴深远的小故事：

这是一口水的故事。

张买江的父亲去山西打工，临走之前的一顿饭，就是没有一口干净水，只好用牲口喝的雨水澄清后做饭。

林州人因为喝不上这口水流落他乡，曾经为了这口水战天斗地。如今，他们不再为一口水而担忧，但他们只要永远记住这一口曾经喝不上的水，追求幸福、超越自我的理想就不会停步。

还有一碗面的故事。

林州人最爱吃的，是家乡的面条。一位林州籍的将军回乡，家里没有大摆宴席为他接风，而是在院子里支上了两口大锅，一口炖菜，一口煮面，人手一碗。

林州人即使富甲一方，腰缠万贯，最留恋的还是那碗面。就像林州那首脍炙人口的《推车歌》所唱："只要有一碗糊涂面，也比那吃肉喝酒的气势还要壮啊！"

一碗面，盛的是本色，装的是力量。

再就是那一条渠的故事。

每个林州人心中都有一条精神之渠，那是红旗渠的儿女们说不完、道不尽的红旗渠故事……

改革开放以来，林州人民以自己的理想、奋斗、坚韧、奉献，成就了当代红旗渠精神，这就是——难而不惧，富而不惑，自强不已，奋斗不息。

难而不惧，在理想召唤下排除千难万险；

富而不惑，在物质大潮中坚守精神家园；

自强不已，在激烈竞争中壮大发展，不断超越；

奋斗不息，在复兴道路上奋力拼搏，永不停步。

这就是我们时代的精神，更是中华民族的精神。

无论我们将来多么富有，多么强大，都不应该丢弃。

唯有如此，我们才能如胡锦涛总书记在建党 90 周年纪念大会讲话中指出的那样，不为任何风险所惧，不被任何干扰所惑，坚定不移沿着中国特色社会主义道路奋勇前进，更加奋发有为地创造自己的幸福生活和中华民族的美好未来！

和鸣老师：

阅读全文，请你从用词等角度，分析本文在写作上的特点。

皓鹏：

本文引用了大量的文言文名句和四字词语，充满了文化气息，这种诗意的笔法，和文章的内容相得益彰。正是有了太行山千百年来形成的富有内涵的精神文化的指引，太行山人才创造了今天富强、繁荣的生活。

【见微知著】

文化强国建设需要有强大的精神支撑,而红旗渠精神正是这种精神支撑的重要来源之一。当今世界,文化的影响力越来越大,文化软实力也成了国家竞争力的重要因素。而红旗渠精神所蕴含的难而不惧,富而不惑,自强不已,奋斗不息的内涵,一直以来都是中华文化的重要组成部分。因此,我们应该积极弘扬红旗渠精神,将其融入文化强国建设的各个方面中去,不断地汲取红旗渠精神的力量,让中国的文化更加丰富多彩、更具活力和创造力。推进社会主义文化强国建设,让中国的文化走向世界!

这盛世,如你所愿

【叩门引路】

"天下山水之秀聚于黔中",走进贵州毕节,夜晚枕着江水入梦,清晨啾啾鸟语唤人醒,深呼吸感受山野间花草树木的独特芳香浸润心脾,好不惬意。歌曲里的"奢香夫人"曾走过这里,留下乌蒙山脉连绵起伏的奇迹。这片奇迹般的色彩是彝族"索玛",也就是闻名遐迩的百里杜鹃花。每当杜鹃花盛开之时,彝族毕摩会带着百姓完成祭花神的仪式。当索玛桥上走过被花神眷顾的仙子,你就会发现这春日浪漫到极致,马缨、露珠、迷人,这些不是关于春天的形容词,而是杜鹃花的名字。春已来,留春住,来贵州,上春山,毕节百里杜鹃开得正烂漫。让我们一起走进毕节,邂逅这份独特的美。

共赴春天的约会

百里杜鹃盛世红

当代　韩小蕙

　　这举世无双的百里杜鹃花带奇观,是大自然的精心选择——上苍之所以让它们在毕节地区落地、生根、开花,生生不息,千秋万代,一定是有着它最充分的道理,只不过现在还不被我们所知晓。

题记

　　这也是我千里迢迢,从北京来这里赶花事的一个原因。

　　毕节地区位于贵州西北部的乌蒙山区。杜鹃花风景带位于毕节下辖的黔西县、大方县交界处,绵延百里之长,传承千年有余,不知是哪一年,有一位想象力丰富的人,送给了它一个"高者出苍天"的美誉——"地球的彩带"。

这蜿蜒百里的花带，是贵州西北部次生地带性植被保存得最好的一部分，上面自由自在地生长着马缨杜鹃、露珠杜鹃、银叶杜鹃、问客杜鹃、水红杜鹃等41个品种，占全世界5个亚属中的4个；而且花色多样，有鲜红、粉红、金黄、淡黄、雪白、淡白、紫色、绿色等等。据说最为难得的是一棵树不同花，即同一棵树上开出不同颜色的花朵，已被发现的达7种之多，有"世界级国宝精品"的美称。

根据以往的经验，大凡看景，能看出两种结果：一是失望乃至大呼上当，此有"看景不如听景"的谚语为证，庶几（shù jī，或许）还是大多数情形；二是名不虚传，当看到正如盼望的甚或比期冀的还要好时，那时真兴奋真跳跃真激动真不能自已。我们到来之前，已做足了准备工作，未见其面先闻其声，已从资料上看到：每年春天3月下旬至4月末，是毕节杜鹃最盛的花期，各色、各形、各品、各质的杜鹃花争相怒放，一时间，漫山遍野，地动花摇，铺山盖岭，天光花影，把寂静的毕节大丘陵地带，装扮得花事繁闹，花语喧响，花蒸霞蔚，花彩缤纷，据说，人都能让花醉倒了！

那么理所当然的，我们就盼望着醉卧花丛了。3月28日，是毕节"国际百里杜鹃花节"开幕的正日子，我们就这么满怀期待地往花区赶，心里充满了遐想。从黔西县城出发，当汽车行驶了1个小时左右，有人惊喜地大叫起来："花！花！"猛抬头，杜鹃花树果然开始在公路两旁出现了！

初见，还是几棵、几十棵、几百棵，厚度是一排、两排、三五排。但见一株株花球造型的高树上，一捧捧花朵俏然挺立在枝条上，正应了"花在枝头春意闹"。由于隔得远，还看不清花形，只觉得每个朵都很大，有的简直有皮球那么大，不像杜鹃，倒非常像国色天香的牡丹花。

随着车子的行进，花树越来越多了，差不多都是两三米高，树干细的如电线杆，中的如水桶，粗的就宛若水缸了，枝枝杈杈团生在一起，组成一个个大花球、大花冠、大花伞。奇怪的是，每一株的脚下，都像经过人工栽培似的，是一个聚宝盆形状的大沙坑，里面不生草，只存水，就像我们在城里看到的、经花工挖掘和栽种的花木一模一样。这样的大沙坑，依据着疏密得当的比例，一棵棵、一排排、一片片，一个山头一个山头地蜿蜒在百里之阔，像极了先锋艺术家们摆弄的大地行为艺术。据介绍，其实它们都是自然生成的，全赖花树们自己对自然环境的优胜劣汰。这说法可信，不然，绵延百里的花树和花丛，从脚下一直到天边，目之所及，铺满了远远近近的山冈坡地丘陵，其阵势，其声响，其壮阔，其直冲云天的大气派，除非老天爷，谁能有这么大的能量为之？

树上的花朵，红的、粉的、白的，远古的、近代的、今天的，有的热烈，有的冷艳，有的平和，有的狷介，有的英雄无觅孙仲谋，有的天生丽质难自弃，真像是"不尽长江滚滚来"！说来，这里山高坡陡，河谷深切，地形破碎，土地贫瘠，是典型的喀斯特山区，20年前，此地还是中国西南贫困带的核心区域，被联合国确定为"不适合人类居住的地区"。1987年，毕节地区的人均生产总值只有288.9元，农民人均纯收入仅仅184元，人均产粮不到200公斤，有147万人和120万头牲畜饮水困难，水土流失面积达60%以上，森林覆盖率仅8.53%，人口自然增长率却高达21.29%，一半以上的青壮年是文盲半文盲……唉，那时候的杜鹃花即使再艳丽，又有谁看，又有何用——念空自花开花落，年年知为谁生！

现在，经过20年的发展，怎么样了呢？这是我此行要了解的最主要任务。

我们不得不下车了。眼看着开幕式的时间就要到了，可是我们的车仍被堵在路上，就像小蚂蚁在绝望地爬。车太多了，差不多都是小车，私家车居多，宛若断了链的套环似的，把公路切割得断断续续，支离破碎。咦？贫困的贵州、贫困的毕节，你从什么时候开始，也患上了塞车的现代文明病？福耶？祸耶？

主要是人太多了，满山遍野，都是往中心会场赶的人，有少数城里的旅游者，更多的是当地的乡亲。我注意地观察：农民们的穿着还是比较一般，大都是蓝布或黑布衣裤，上面有皱褶，有渍斑，鞋子上也沾泥带土，像刚从田头干活归来，当然无法跟长、珠三角地区西服革履的农民们相比。可是孩子们穿得不错，新衣服新鞋新帽子，鲜亮颜色堪比杜鹃花的红、黄、粉、白、绿，小手里或拿着吃食，或举着气宇轩昂的充气塑料玩偶，一个个兴奋得哇哇大叫，小脸涨得通红，一个个比赛着动人。突然，我看见一位彝族老阿嫂，穿着镶嵌着民族花边的蓝布衣，头上戴着同样风格的花头巾，背着一个传统的彝族竹篓，兴冲冲地赶路。她的出现提醒了我，这里居住着汉族、彝族、苗族、回族、白族、满族、侗族、蒙古族、布依族、仡佬族等36个民族，少数民族人口占总人口的28%。

和鸣老师：
日子变好了，为什么农民们的穿着还是比较一般？

尧年：
虽然日子变好了，但是农民穿衣依然更注重实际和耐用性，所以穿着蓝、黑布衣，过着朴素的生活。

时乐：
这也从侧面说明了，好日子离不开当地人的勤劳劳动！

杜鹃花在彝语里被称为"索玛花"，有彝族居住的地方，就有美丽的杜鹃花。

彝族是一个勤劳、善良、勇敢的民族，起源于公元前5500年。彝族先民六祖分支后，其默部德施氏进入黔西北建立政权，开发土地，兴家立业，并且在繁衍生息的过程中，创造了与甲骨文齐名的彝族文字、先进的太阳历法和灿烂的民族文化。今天在毕节地区，彝族还是一个大支，民族服装也是数一数二的华贵和漂亮，可惜他们只有在节日和盛大活动时才肯亮一亮风采。哦，我忽然明白了刚才的一路上，怎么会有那么多歌厅、饭店、商店、旅社的名字都叫"索玛"，原来，那都是彝族同胞经营的。

> **和鸣老师：**
> 请你说一说为什么孩子们能够穿着鲜亮呢？

> **展鹏：**
> 正是有了老一辈们的努力奋斗、勤俭节约，才有了现在孩子们的美好生活。

在这一片各族群众共居的土地上，还有一些特殊的物事和名词，能引起人的无限遐想，比如远古岩画、古黔青铜器、鸡卜星历、地戏、阳戏、傩戏、侗族大歌、苗族蜡染、彝族披毡、洞天湖地、花海鹤乡……它们若隐若现地闪烁着各民族文化的神秘光泽，让人浮想联翩，恨不能多生出几只脚、几双眼，跑遍周遭的山山乡乡，尽情看！

不知不觉间，浓郁的地域风情，多彩的民族文化，仿佛弥漫在空气中的花香，丝丝缕缕地，慢慢润进了我的心房。急急地行走在各族乡亲们当中，我渐渐感到，自己也变成了他们中的一分子，内心快乐无比。

还好，当我们急煎煎赶到会场，开幕式恰在宣布开始。

八门披着红花的火炮发射出隆隆的花弹，向高空呼哨着报喜去了，一阵雄壮的烟雾散去之后，大型文艺演出《索玛花开》拉开了帷幕。让人始料不及的是，其专业、豪华、铺张、艳丽、大气的阵容,即使在北京国家大剧院演出,也会让人高看一眼的——舞台搭在山间的一大块平地上,有电子大屏幕做虚的灯光背景,营造着气氛;还有充满着民族文化元素的实体布景,随着剧情的推进不停地转换着,演员甚至可以从高高竖立的傩面具上面走下来,一直走进观众中间。身穿多彩民族服饰的姑娘、小伙子们,欢快地穿插着队形,歌唱、旋转、跳跃、腾跃,像从山间飘过来的山鬼,像从太阳里走下来的东君……

故事的情节大体是这样的:阿谱是一个彝家女孩,有一天梦见彝家儿女祭祀花神的宏大场面,她感到这是一个节日来临的征兆,便同爷爷一起来到索玛花开的地方。而从远方归来的阿哥与阿依姑娘在多年前就已有了约定,即在今天,阿哥将在这个索玛花盛开的地方迎娶阿依。久未返乡的阿哥,灵魂深处依旧荡漾着对故乡的眷恋,终于,他和朝思暮想的阿依重逢了。众多彝家乡亲赶到,为二人举行了盛大的婚礼,他们唱起了彝家情歌,被歌声征服的人们一步步向着歌声的发源地追寻,用心倾听,听到了索玛花开的天籁之音。与此同时,阿谱和爷爷,还有各族群众也纷纷聚集到百里杜鹃景区,共同向阿哥和阿依祝贺,并为杜鹃花节献上自己的一份祝愿……

小女孩阿谱的梦是一个多么瑰丽的好梦啊,它的象征意义不言而喻——祈福,为彝家,为各族人民,为百里杜鹃,为山山水水,为五谷丰登、丰衣足食的好生活!梦是心头想,梦是理想主义的座右铭,梦是现实主义的狂欢节,梦是通往心愿实现的金桥!

在演员们载歌载舞的表演中,电子大屏幕不时地出现一个个震撼人心的画面:

——1985年,胡锦涛同志就任中共贵州省委书记后,先后走遍全省86个县(市、区)深入调研,在此基础上,提出了把毕节地区作为"开发扶贫、生态建设"试验区的战略构想。

——1988年6月9日，经国务院批准，毕节试验区正式建立。

——1988年下半年开始，毕节试验区逐步实施了"开发与扶贫、生态建设与经济开发、人口数量控制与推动人的全面发展"的三个有机统一，走出了一条体现改革试验构想、逐步取得重要突破的奋进之路，走上了人口、资源、环境相协调的发展正轨。

——2007年，毕节试验区生产总值，已经从1987年的17.8亿元增加到335.45亿元，年均增长10.5%；财政总收入从1987年的1.96亿元增加到55.06亿元，年均增长18.15%；绝对贫困人口从345万减少到49.89万，农村贫困发生率从65.4%下降到7.1%。

——2008年，全区实现生产总值467亿元，完成财政总收入69.58亿元，全社会固定资产投资170亿元，城镇居民人均可支配收入12286元，农村居民人均纯收入2756元，森林覆盖率上升到36%以上，人口出生率下降了一半以上，20年少生了139万人！

> **时乐：** 从数字中感受到毕节试验区发生的巨大变化！

> **和鸣老师：**
> 用具体的数字突出毕节在改革和扶贫之后发生的巨大变化，表现出毕节经济、生态、人口等方面的重要突破，表明了国家政策的支持使得毕节走上了富强之路，直观、真实、准确。

什么叫伟大？此即是。

什么叫光荣？此即是。

什么叫正确？此即是。

当我们走上了正确的科学发展之路，当我们把蕴藏在各族群众中的伟大力量激发出来，就一定能够创造出改变人民和民族命运的奇迹。那么好了，令世界瞩目，叫历史喝彩，让后辈人为今天的我们骄傲,是为无限风光,是为最大的光荣!

演出还在继续,天上、人间。神仙、百姓。杜鹃花、民族舞。理想、现实、梦……各种喜庆的元素叠加在一起,幻化成眼前的霓裳羽衣,花样翩跹。一阵山风吹来,香气氤氲,传来十里八乡同时上演着的一台台好戏——

黔西县洪水乡解放村:"走进金色农家"乡村旅游活动;

大方县奢香博物馆:"大方县农民画展暨农民画发展研讨会";

黔西县化屋苗寨:"情歌唱,芦笙悠"欢乐化屋苗族花坡节;

百里杜鹃金坡景区:"世界的花园"世界百名青年百里杜鹃行文化交流活动;

黔西县城:中国企业家杜鹃花都投资考察项目推介会;

黔西县体委:"相聚花都,以武会友"武术散打擂台邀请赛;

百里杜鹃景区:"亲近自然,生态之旅"野营体验活动;

百里杜鹃普底景区:"花中西施"毕节地区首届杜鹃花选美大赛;

……

经济发展起来了,生活好了,人的心情就舒畅,乡亲的情绪就高涨,做事就有兴趣,各种民间和民族的歌啊、舞啊、节日啊,就层出不穷,前方就有奔头,前途就有方向,生活也就变得越来越丰富多彩。而这一切反过来,又聚拢了人气,又扩充了旅游项目扩大了旅游规模,又变单纯的土地里刨食为多种经营并举,又再促经济的大发展。如此,就从恶性循环变为良性循环,从叶到花,从人间到天堂,从吃也愁穿也愁到享受生活,从凄风苦雨到暖阳高照,从贫寒山寨步入到初步的幸福生活指数之中……这样"一步登天"的例子,像杜鹃花一般多啊:

——20年前,毕节市清水铺镇南关村,人多地少,过度开垦,水土流失,生态脆弱,百姓贫困,越穷越生,月月年年都是"难关";

今天的南关村已是四季花开、鲜果挂枝，游客纷至，乡亲畅笑，上级满意的小康村，不久前已正式更名为橙满园村。

——韦寨村是黔西县林泉镇的一个小村落，已被挂上"社会主义新农村信息化示范点"的金牌，村民们通过远程教育，学会了养殖技术，搞起了养鸡、养鸭、养猪场；又通过网上获取种植技术，搞起了蔬菜、果树、花卉的规模种植，还学会了在网上销售，仅此两项，收入大幅度提高。GDP上升，文化生活也随之升华，村里已建起农民休闲中心和老年活动中心两个公共娱乐场所。

——赫章县野马川镇是有名的樱桃之乡，该镇也是"社会主义新农村综合信息示范镇"，已建成了新视通、远程教育、视频监控系统、影信通等系统，为建设新农村、培养新型农民搭建了信息平台，构成了高效快捷的政府服务体系，真正让乡亲们"足不出户，便知天下事；鼠标一点，财源滚滚来"。

满山满坡的杜鹃花红红火火地开，哗哗啦啦地笑，今日兴会更无前。她们知道：仅仅20年一瞬间，毕节，这个昔日"中国最贫困的地区"，这个"不适合人类居住的地区"，这个"中国最穷的改革试验区"，已经迎来了改革开放的初步成功，已经摸索出了一条适合区情的快速发展之路，已经看到了满天辉煌灿烂的晨曦。

云和雨相见的时候，

彩虹干一杯；

太阳和月亮相见的时候，星星干一杯。

脱贫的乡亲和财神爷相见的时候，

干部干一杯；

杜鹃花和盛世相见的时候，

各族乡亲敬党中央三百杯！

2009年4月12日于北京光明日报社

【小课堂】杜鹃花的别称有哪些？

相传，古有杜鹃鸟，日夜哀鸣而咯血，染红遍山的花朵，因而得名。杜鹃花的别称有很多，如山客、山踯躅、山石榴、映山红、照山红、唐杜鹃等，在许多作品中出现，宋代姚宽《西溪丛语》中"踯躅为山客"，唐代白居易《山石榴寄元九》中"山石榴，一名山踯躅，一名杜鹃花。杜鹃啼时花扑扑"……除此之外，我国古代诗人描写杜鹃花的诗句也非常丰富，"映山花红柳河荫，杜鹃知时劝农勤""杜鹃啼处血成花，燕子忙时麦未胎"，等等，请你再找一些古典诗文名句读一读吧。

这盛世，如你所愿

【见微知著】

毕节，这座宛如世外桃源的城市，正用它的美丽和魅力征服我们的心。青山绿水间，仿佛能听到大自然的轻声低语；古老的村落里，岁月的痕迹诉说着往昔的故事。沉醉于那片碧绿的草海，微风拂过，水草摇曳，仿佛是大地的呼吸；花海之中，漫山遍野的紫色花朵如梦如幻，让人心生欢喜。这里的美食也让人的味蕾欢呼雀跃，毕节汤圆的软糯香甜，威宁火腿的咸香醇厚，每一口都是对美食的极致享受。那令人流连忘返的风景，那美不胜收的人文风情，都会成为最珍贵的宝藏。千年的时光轮转，黔中独特的自然风光和远古文化不曾褪去，值得人们细细游玩品味。

【大河论坛】

　　如今，DeepSeek 系列模型引发全球关注，彰显着人工智能蓬勃发展之势。人工智能已不再是科幻电影中的遥远想象，而是深度融入人们生活的方方面面，如智能音箱、自动驾驶、智慧就医、个性化学习平台等。我国在人工智能领域成就显著，核心产业规模超 5000 亿元，专利申请量占全球 40%。科技是国家发展的核心动力，走科技强国之路是实现民族复兴的必由之路。当下中国已是世界第二大经济体，"富强"不再只是单维度的物质实力，而是科技创新、制度活力、文化自信与民生福祉的共振。在智能时代，科技创新成为富强的核心驱动力，制度活力、文化自信助力发展，民生福祉是最终落脚点。对于智能时代"富强"的新内涵，你有什么看法呢？

互动留言区：💬

河清：

暑假期间，我参观了国家超算中心，天河三号的计算能力令我深受震撼。这一强大算力正加速药物研发与气候预测。真正的富强并非仅靠单项突破，构建完整的创新生态链才至关重要。就像华为用十年研发突破 5G 专利墙，我们这代人更应扎根基础学科领域，潜心做"冷板凳研究"，为国家科技发展贡献力量。

时乐：

最近我在新闻里看到，光伏电站让深山里的苗寨能稳定用上了电，电商直播还把漂亮的彝绣卖到巴黎时装周去了！我这才发现，"数字新基建"正在改变着城乡差距。要想让乡村真正振兴起来，光靠建一些硬件还不够，还得有知识的帮助。就像"银发讲师团"这个项目，那些退休的教授把知识带回乡村，这才是能一直让乡村变好的"智力富强"，能给乡村的发展不停地加油助力！

雅奏：

故宫文创年销售额破15亿、《哪吒之魔童闹海》全球票房再攀新高，这些文化现象揭示着"软实力富强"的新维度，让文化自信深入人心。用现代视角重构历史叙事，让年轻人自发成为文化传播的"自来水军"。

这盛世，如你所愿

我说：

【一叶知春】

为了中华民族的繁荣富强,我要献出全部学识智慧。

——钱伟长

不辞艰险出夔门,救国图强一片心;莫谓东方皆落后,亚洲崛起有黄人。

——吴玉章

锦绣河山收拾好,万民尽作主人翁。

——朱德